高强度爆发式快速伸缩复合训练

（第2版）

[美] 詹姆斯·拉德克里夫（James Radcliffe）
罗伯特·C. 法伦蒂诺斯（Robert C. Farentinos）　著
陈洋 高延松 译

人民邮电出版社

北京

图书在版编目（CIP）数据

高强度爆发式快速伸缩复合训练：第2版／（美）詹姆斯·拉德克里夫（James Radcliffe），（美）罗伯特·C.法伦蒂诺斯（Robert C. Farentinos）著；陈洋，高延松译. — 北京：人民邮电出版社，2018.9
ISBN 978-7-115-48517-5

Ⅰ. ①高… Ⅱ. ①詹… ②罗… ③陈… ④高… Ⅲ.
①运动训练法 Ⅳ. ①G808.12

中国版本图书馆CIP数据核字(2018)第109648号

版权声明

免责声明

本书内容旨在为大众提供有用的信息。所有材料（包括文本、图形和图像）仅供参考，不能替代医疗诊断、建议、治疗或来自专业人士的意见。所有读者在需要医疗或其他专业协助时，均应向专业的医疗保健机构或医生进行咨询。作者和出版商都已尽可能确保本书技术上的准确性以及合理性，并特别声明，不会承担由于使用本出版物中的材料而遭受的任何损伤所直接或间接产生的与个人或团体相关的一切责任、损失或风险。

内 容 提 要

快速伸缩复合训练能够帮助任何专项、任何水平的运动员提升力量、爆发力、速度等方面的身体素质。本书为运动员、教练和体能训练师提供关于高强度爆发式快速伸缩复合训练的系统、科学的指导，包括快速伸缩复合训练的原则、运动爆发力的激活过程、爆发力训练的方法和器材、爆发力的评估以及快速伸缩复合训练的动作练习和训练方案。通过专业演示和分步详解，本书介绍了发展上半身、核心和下半身爆发力的79个快速伸缩复合练习，同时还提供了足球、篮球、田径等21个运动项目的快速伸缩复合训练方案以及快速伸缩复合训练方案的设计原则，运动员可以直接跟练或调整已有计划。本书能够帮助运动员获得竞争优势，将运动员在赛场上的运动表现提升到全新的级别。

◆ 著　　[美]詹姆斯·拉德克里夫（James Radcliffe）
　　　　罗伯特·C.法伦蒂诺斯（Robert C.Farentinos）
　译　　陈　洋　高延松
　责任编辑　李　璇
　责任印制　周昇亮

◆ 人民邮电出版社出版发行　　北京市丰台区成寿寺路 11 号
　邮编　100164　电子邮件　315@ptpress.com.cn
　网址　http://www.ptpress.com.cn
　北京虎彩文化传播有限公司印刷

◆ 开本：700×1000　1/16
　印张：13　　　　　　　　　 2018 年 9 月第 1 版
　字数：266 千字　　　　　 2025 年 11 月北京第 23 次印刷
　　　著作权合同登记号　图字：01-2016-6537 号

定价：88.00 元
读者服务热线：(010)81055296　印装质量热线：(010)81055316
反盗版热线：(010)81055315

作为老师与教练，谨将此书献给对我影响最深刻的人们：父母比尔·拉德克里夫（Bill Radcliffe）和海伦·拉德克里夫（Helen Radcliffe）；卡特恩·法伦蒂诺斯（Kathern Farentions）；导师迈克·洛佩斯（Mike Lopez）和克雷·埃罗（Clay Erro）；出色的同事、搭档、妻子和朋友珍妮斯（Janice）。

目 录

练习目录

（续表）

（续表）

扫描右方二维码添加企业微信。

1. 即刻领取免费电子资源。

2. 加入体育爱好者交流群。

3. 不定期获取更多图书、课程、讲座等知识服务产品信息，以及参与直播互动、在线答疑和与专业导师直接对话的机会。

在线视频访问说明

本书提供部分动作练习的在线视频，您可通过微信"扫一扫"，扫描书中的二维码进行观看。

| 微信 | | Q | + |

步骤1：点击微信聊天界面右上角的"+"，弹出功能菜单

- 朋友圈
- 扫一扫
- 摇一摇
- 看一看
- 搜一搜

💬 发起群聊
👤 添加朋友
📷 扫一扫
📱 收付款
✉ 帮助与反馈

步骤2：点击弹出的功能菜单上的"扫一扫"进入该功能界面

步骤3：对准书中二维码进行扫描

附近的人

（打开微信"扫一扫"）

第5章

上半身爆发力发展

快速伸缩复合训练是一种协调使用全身爆发力的运动。这些有力动作在贯穿躯干中心时会利用到上半身，其中包括抛投、传递和投掷动作。同时，这些动作的子分类也包括在内：摆动、推动、出拳和击球。

（通过微信"扫一扫"扫描书中二维码即可观看）

- 如果您已关注微信公众号"动动吧"，扫描后可直接观看该动作练习对应的在线视频；
- 如果您未关注微信公众号"动动吧"，扫描后会出现"动动吧"的二维码。请根据说明关注"动动吧"，并点击"资源详情"，即可观看视频。
- ▶ 书中有 ▶ 标识的动作练习配有对应在线视频。
- ▶ 本书提供的视频均通过扫描同一二维码进行观看。为方便读者使用，本书将在配有视频的动作练习所在章的首页（ 第41页、第63页、第87页、第101页和第151页 ）提供该二维码，读者扫描任意一处二维码后即可获得动作练习视频目录，按需进行观看。
- ▶ 视频有效期截至2023年6月。

前　言

　　詹姆斯·拉德克里夫（James Radcliffe）一直是运动场上或健身房里个头最小的家伙。但是，他的激情、专业知识、无限的精力和沟通能力使他足以指挥一支由巨人（高大的运动员）组成的队伍。在俄勒冈大学中，已经没有传统的体能教练了。

　　我们应该在比赛场地、球场和赛道上做些什么？我们应该怎样做才能做得更好、更聪明、更安全和更有效？我们正在训练的是什么样的运动员？这就是拉德教练不断分析和寻求答案的三个问题。

　　拉德的风格并不能简单地通过书本进行示范和体现。示范和沟通是执教过程中最难的两个挑战。但是，拉德对于个人和运动卓越的不懈追求，使这两个挑战成为了他的强项。他清楚每一名学生运动员的目标、希望、积极性和可能的身体局限。同时，他还通过一对一的交流与辅导，帮助运动员们实现了疯狂的梦想。

　　拉德教练指导过多名奥运冠军、无数全国冠军和数以百计的全美冠军。但是，他追求的并不是这些荣誉。他的执教宗旨是让年轻的男女运动员不断全身心投入到追求卓越的运动精神中。与记录、奖牌或里程碑不同，这些特质才能让运动员受益终生。

　　通过将事情分成可管理的日常工作清单，他让我们每一个教练思考训练的重点和长期性。查看本书中所有的信息和训练，了解本书内容，使内容个性化，同时了解让内容个性化的原因。利用好自己在做特定事情的积极性。同时，了解你的学生运动员们并且真正认识他们。这些评估可以让你持续进步。

　　拉德教练每天都让我成为一名更好的教练和个人。不管你是一名教练、运动员、医生、理疗师、私人教练或者周末勇士，通过阅读本书内容，拉德教练在字里行间洋溢的热情一定会让你受益匪浅。

俄勒冈大学首席橄榄球教练

马克·海尔弗里奇（Mark Helfrich）

序言

《高强度爆发式快速伸缩复合训练》一书的主要宗旨是提供最为系统、综合、实用、可行的快速伸缩复合训练。本书阐述了这个训练方法的概念、实用信息、训练计划和能力表现评估系统。

在最近30年里，我们已针对健身爱好者、中学及高校运动员制定了大量的快速伸缩复合训练计划。自20世纪80年代以来，校际及职业橄榄球、棒球和篮球运动员，世界级越野滑雪运动员，举重运动员，自行车运动员，田径运动员，马拉松和山地跑运动员，青少年运动员以及较年长的健身爱好者都进行了快速伸缩复合训练。这些参与者中有些人是奥运和世界冠军。高强爆发式快速伸缩复合训练是大量研究和执教的成果，特别是吉姆·拉德克里夫过去35年的独创和实践工作的结晶。

本书主要面向教练、运动员、运动医学临床医生、希望了解更多关于快速伸缩复合训练的信息的读者以及希望了解如何将这种动态训练方法应用到具体运动中的读者。相对于原版本，本版本增加了训练概念的综合定义、完整的教学和训练方法以及最新的研究和实践注意事项。本书还提供配套在线视频。

我们全身心投入快速伸缩复合训练：我们会在自己制定的训练计划中使用这种训练方法，同时指导其他人进行这方面的训练。我们参考了与这个训练领域相关的大量专业文献，并将这些研究成果与我们的实践经历相结合。很多书籍都对快速伸缩复合训练做出了非常不错的定义，并且阐述了如何制定训练方法和使用特定训练的方法。但是，《高强度爆发式快速伸缩复合训练》是第一本详细讲解了制定训练方针背后的原则的书，同时阐述了如何通过特定运动方案，循序渐进地最大化训练成果及运动表现。

Plyometrics一词源自于希腊语plyometrics，表示"增强"或者"增加"的意思，同时包含缩写希腊语plio（表示"更多"）和plyo（表示"移动"）。Metrics（度量）表示"测量"或"长度"。Pliometric的拼写也指代离心收缩或肌肉伸展。Plyometrics一词起初出现在苏联运动文学作品——柴商斯基（Zatsionky）1966年的作品中（Zanon，1989）。美国田径运动教练弗瑞德·威尔特（Fred Wilt）在1975年阐述了这个词，此后人们才开始引用它。少许几个术语也和快速伸缩复合训练联系了起来，包括冲击训练、速度力量、回弹（利用肌肉弹性）训练和弹性反应。

虽然我们了解一些构成快速伸缩复合训练的基本神经肌肉处理方式，但在完全理解它如何运作之前，我们还必须学习大量的知识。幸运的是，诸如尤里·沃克霍山斯基（Yuri

Verkhoshansky）、卡梅洛•博斯科（Carmelo Bosco）、帕沃•科米（Paavo Komi）、格雷戈里•威尔逊（Gregory Wilson）、梅尔•斯弗（Mel Siff）、马尔滕•博贝特（Maarten Bobbert）、沃伦•扬（Warren Young）、沃恩•甘贝塔（Vern Gambetta）以及詹姆斯•海（James Hay）等运动科学家的研究已经为此奠定了很好的基础，同时他们还与诸如加里•温克勒（Gary Winkler）、迪恩•本顿（Dean Benton）、伊恩•金（Ian King）、弗兰斯•博斯（Frans Bosch）、罗德•柯洛普（Roald Klomp）、弗拉基米尔•柴商斯基（Vladimir Zatsiorsky）、加布里埃莱•伍尔夫（Gabriele Wulf）、基思•戴维斯（Keith Davids）、威廉•埃本（William Ebben）以及彼得•韦恩德（Peter Weyend）等教练和研究人员一起努力改进训练方式。尽管从生理学的角度来讲，我们仍无法阐明快速伸缩复合训练的原理，但是实践经历已经证明了它的价值。

在体能训练领域中，怎么让一个训练理论在具备实践性的同时又能被科学地解释，一直是一个令人头疼的问题。每一天，我们的教练和运动员都在努力争取获得最佳成绩。我们都想要获得有效的成果，同时也希望结果是可信的。本书会让教练和运动员了解他们在爆发力训练中能够获得的成效，同时还会从医学的角度对这些结果进行解释。通过这种方式，教练和运动员们就不再需要在实验室中自行研究。

本书阐述了在快速伸缩复合训练中发生的变化以及发生这些变化的原因。本书还定义了快速伸缩复合训练和目前的一些相关概念，同时还阐述了快速伸缩复合训练的工作原理，以及该工作原理的基本原则。

《高强度爆发式快速伸缩复合训练》介绍了如何判断运动员或者运动参与者何时做好了使用训练方法的准备，以及如何做好快速伸缩复合训练的准备。最佳的训练结果来自于恰当的使用方法。不仅仅是爆发力训练，还包括所有类型的训练。接下来的章节将介绍与训练准备和能力表现相关的基本要素，以及相关设备和基本的练习。

本书概述了在运动中具备良好表现所需的训练要素和安全措施，以及执行快速伸缩复合训练的基本原则。请确保你按照基本原则进行了安全的训练。

第5~7章阐述了训练技巧，同时描述了与手臂、躯干和腿部相关的基本快速伸缩复合训练动作。第8章阐述了组合举重和快速伸缩复合训练方法的概念。

最后，第9~10章概述了最高级难度的快速伸缩复合训练计划。同时，作者还阐述了如何使用渐进式训练方法，这个训练方法不论在任何运动水平或运动情景都是必备的。除了探讨渐进式训练方式，全书还阐述了每个练习恰当的跟进方式。同时，书中的200多张照片还进一步解释了相关的练习概念、动作执行以及训练顺序。

本书旨在让读者更好地理解快速伸缩复合训练的概念，然后在训练中使用这些方面的知识来设计和执行最佳快速伸缩复合训练方法。

致　谢

感谢向本书提供帮助的所有运动员和教练，特别是迈克·洛佩斯（Mike Lopez）。感谢他在快速伸缩复合训练方面为吉姆·拉德克里夫所提供的重要帮助。同时，感谢克莱·埃罗（Clay Erro）、沃恩·甘贝塔、罗克·莱特（Rock Light）、加里·温克勒、弗兰克·加里亚诺（Frank Gagliano）、尼克·西蒙兹（Nick Symmonds）、文斯·安德森（Vince Anderson）、马克·斯特（Mark Stream）、罗伯特·约翰逊（Robert Johnson）、洛乌·奥斯宁（Lou Osternig）、贾尼丝·勒特涅·拉德克里夫（Janice Lettunich Radcliffe）、帕特·隆巴尔迪（Pat Lombardi）、杰夫·金瑟（Geoff Ginther）、戴夫·津巴（Dave Ziemba）、杰里米·皮克（Jeremy Pick）、约翰·克拉兹基（John Krazinski）、马克·狄龙（Mark Dillon）、乔尔·弗沃（Joel Favor）、阿特·托尔赫斯特（Art Tolhurst）、弗兰斯·博斯、马克·罗兰（Mark Rowland），这些来自俄勒冈大学的运动员和教练和位于尤金的俄勒冈州径赛俱乐部的运动员。最后，还要感谢亚历山德拉·戴维森（Alexandra Davidson）、玛吉·派塔（Maggie Pietka）、泰勒·平克尼（Tyler Pinkney）、克里斯·斯塔布斯（Chris Stubbs）以及尼克·托雷松（Nick Toreson）。无论私人还是工作交往，我们都很享受和他们的接触，衷心地希望可以回报他们的无私帮助。

第1部分

快速伸缩复合训练

第1章

高水平运动表现所需的爆发力条件

快速伸缩复合训练是一种发展爆发力的方法。同时，它还是大多数运动表现能力水平的重要组成部分。教练和运动员们已经意识到改善快速伸缩复合训练可以提高运动表现，因此他们已经将这种训练方式整合到很多运动项目的整体训练计划中，同时让这种训练方式在运动能力的发展中成为重要的因素。

快速伸缩复合训练和爆发力的发展

对于一些人来说，他们无法理解快速伸缩复合训练的工作原理，但事实是这种训练的确行之有效。尤里·沃克霍山斯基曾在20世纪60年代后期表示，人们可以通过渐进式跳跃练习，显著地提高自身的跳跃能力和冲刺能力。诸如奥运会短跑冠军瓦勒里·鲍尔佐夫（Valeri Borzov）等参与训练的运动员们的运动表现有利地证明了这些观点。在20世纪80年代早期，波尔西默斯（Polhemus）、伯克哈特（Burkhardt）和其他研究人员通过大量证据证明了将快速伸缩复合训练和负重训练结合在一起对体能的提高，要远远超出仅进行负重训练所取得的成果。结果显示，良好的组合计划可以增强力量和提高速度，同时帮助运动员避免受伤。在那之后，大量的研究显示，使用这些理念进行恰当的渐进式训练不仅可以提高比赛成绩，而且可以显著地减少毁灭性运动损伤的数量，例如ACL撕裂和小腿、足部以及踝关节骨折（Hewitt et al.，1999）。

长久以来，人们一直非常重视身体爆发力。至少从古希腊开始，运动员便已找到了提高速度和力量的方法。毕竟，爆发力是力量和速度的组合，力与速率的乘积。它是单位时间内在一定的运动范围中施加的力。

爆发力是完成大多数运动技能的必备要素，不管是网球的发球还是举重的挺举。因此，长期以来，人们都会设计针对性的练习来巩固快速且爆发式的动作。但是，直到最近几十年，系统地提高爆发式反应性力量的训练才开始发展起来。而且，直到最近，才出现了完善的爆发力训练方式。

在今天这个科技迅速发展的时代，我们可以使用大量仪器分析运动员的运动表现。通过GPS追踪和监控比赛与训练中的运动表现，我们能够更好地洞察高水平运动员和运动队区别于其他运动员和运动队的因素。精英团队，和这些团队当中的一部分运动员具备更好的或更显著的爆发能力和加速能力。这种能力是力量应用与时间掌握最佳结合的结果。这些特性的同步性，或者强大、快速的多重运动技能的协调就是爆发力训练所预期的结果。

快速伸缩复合训练的基本原则

运动发展的一些原则可以应用到快速伸缩复合训练和拉长-缩短周期（SSC）中。离心和向心的肌肉动作一般会同时出现在被称为拉长-缩短周期的肌肉功能组合中。离心收缩可以拉伸肌肉的长度，而向心收缩可以缩短肌肉的长度。绝大多数向心运动产生动作之前都会有一个离心的反向动作。定义拉长-缩短周期的原则不仅帮助我们理解训练和运动表现中发生了什么，还告诉了我们如何应用这些原则。这些方面的知识在设计快速伸缩复合训练时是非常有用的。

渐进式超负荷训练

使用渐进式超负荷的基本原则可以发展力量、爆发力和耐力。增加肌肉力量和超负荷抗阻训练之间的联系众所周知。相对于超负荷，小于超负荷的重复训练强调的是肌肉耐力，而不是肌肉力量。

因为我们强调的是爆发力的发展，而爆发力是力乘以单位时间内移动距离所得出的函数，所以可以使用几种超负荷训练方法。但是，相对于爆发力的传统定义（力量乘以速度），超负荷训练的原理开发出了规划训练阶段爆发力的真正公式。

一个经常用来替代爆发力训练的词语是速度力（speed-strength）。这个词语表示，在一个短时间的动作过程中达到最大力量的能力——在一个动作过程中达到最大力量和所需时间的比率（Matveyev，1977）。很多运动科学家使用这个词语描述力量的几个相关构成，其中包括基础力量、绝对力量、爆发力、起始力量以及反应力。在此，使用一个更加明确的公式来表示爆发力的观点是非常恰当的，所以让我们从另一个视角看爆发力。在关于功率的基础物理课程中，教师经常使用以下公式：

$$P = Fd / t$$

F = 施加的力

d = 最远的距离

t = 最少的时间

让我们换种更易理解的方法来说：

F = 施加的力（例如，力量和推动力）

d = 距离转换（例如，灵敏性和协调性）

t = 时间减少（例如，速度和加速）

大多数教练都认同这样的看法——要施加更大的力（F），运动员必须增强力量。同时，大多数教练也都认为要想减少时间（t）必须加快速度。但是，令人感到意外的是，很多教练都没有将公式的另一个变量结合起来——想要完成适当距离转换所需的灵敏性与协调性。当然，身体的特征（例如，大小和体型）也会产生特定的局限性。因为运动员需要这三个部分才能够有效提升爆发力，所以在快速伸缩复合训练中，运动员必须计划使用能够完成这几个方面目标的超负荷。表1.1列出了快速伸缩复合训练中可以使用的超负荷类型。

表1.1　快速伸缩复合训练超负荷的类型

抗阻超负荷	重力
	上斜坡
	外力
空间超负荷	幅度
	矢状面、横断面、额状面
暂时超负荷	运行率
	冲击力

在训练拉长－缩短周期时，抗阻超负荷通常采用在离心收缩中快速拉伸肢体或全身的方式，就像抵抗从高处坠落时不断增加的由重力做的功。为将空间超负荷加入拉长－缩短周期中，运动员可以在施力过程中，在预期的动作平面上增加动作幅度。这个概念就是在特定的动作范围中使用拉伸反射。例如，运动员原地双脚纵跳，将身体所有部位的力量凝聚到一起，向上发力。在矢状面以双腿分开的姿势起跳，会施加相同的聚合力，但增加了系统中的负荷并且提高了难度。尽管在肢体动作平面和特定肌肉群参与方面，很多练习基于特定的运动技能，但都会采用较夸张的运动幅度进行；换言之，肢体在更大的运动范围内移动，但运动平面与最终运动表现目标的运动平面是一样的（运动平面相同，但动作范围更大）。

尽可能快速和高强度地完成动作可以达到暂时的超负荷。不论何时，骨骼肌产生的力量取决于肌肉收缩或拉长的速度，和肌肉的绝对长度。在离心运动中，力会随着肌肉拉伸速

离心训练面临的困境

研究显示，离心训练会破坏肌肉细胞和运动机能。但是，许多运动科学家（Ebbeling & Clarkson, 1990; Frid'en, 1984; Fritz & Stauber, 1988）的研究数据显示，很多受损的结缔组织和肌肉与重要的再生过程相关。肌肉收缩中的离心部分似乎也会导致肌内液压力的增加，这个压力因素与延迟性肌肉酸痛相关。理解这些概念能够帮助我们更好地评估训练、疲劳、过度使用和恢复。

相对于向心收缩，离心收缩会导致特定肌肉功能发生更大的变化。在运动过程的初期，这些改变可能是由创伤造成的。但是，随着时间的流逝，化学变化也会出现。在厄温（Curwin）和斯塔尼什（Stanish）看来，在离心收缩的过程中，收缩的力越大，对肌腱产生的压力越大（Cruwin & Stanish, 1984）。

随着离心肌肉训练越来越多地应用到增强运动表现和损伤恢复上，关于最佳和安全训练负荷的问题也应运而生。对于实践者来说，一个重要的顾虑就是，对于离心性负重训练适当的训练量和训练强度缺乏共识。最近30多年的研究和实践评估的结果为我们提供了关于运动量的重要建议。

肌肉的离心收缩应当得到重视，因为它可以吸收冲击力，但只使用离心动作的训练消除了有助于肌肉力量及功能提高的抑制行为。这进一步说明了研究平衡离心和向心肌肉支配和离心和拉长－缩短周期训练方法的最佳使用方式的重要性。

一方面，肌原纤维和结缔组织的持续受损以及持续修复和适应是重复性肌肉离心动作长期训练效果，尽管恢复的过程很缓慢（例如，7~10天）。另一方面，在完成恢复和修复之前，重复性离心运动会产生适应性。长期重复的离心张力可以重新组织和协调肌肉纤维结构，形成更好的拉伸能力，减少机械受损。然而对于肌肉纤维的微撕裂来说，提高爆发力和适应性与造成肌肉损伤只有毫厘之差。这个差异存在于训练－休息比例，例如，每周只采用两次较高强度的训练，同时在每次爆发力与反应性训练之间至少有两天（48~72小时）的主动恢复时间。在关于训练计划的章节会列出这方面的例子。

处理离心负荷问题的一个主要方式是使用减力（force-reducing）技术，例如，对主动肌肉进行预拉伸。这种方式可以帮助运动员保持较好的力学和姿态控制。在运动前的静止期，拉伸主动肌的同时强化动态力量，似乎可以显著地减少动态和弹性动作的力（Aoki, Tsukahara & Yabe, 1989）。运动员可以在康复阶段中使用相同的概念。这个概念与伊斯特（Hewitt）、玛雅（Myer）和福特（Ford），帕多瓦（Padua）等人以及奥纳特（Onate）等人的伤病评估和渐进性训练条例相符，甚至减少了ACL、踝关节、足部和软组织伤病的出现率。

康复过程涉及将缓慢、可控的离心运动发展成为通过离心收缩和制动能力控制更高速率的能力。例如，在跳跃的拉长－缩短周期训练中，落地技术是首要问题，落地的水平决定了下一次起跳的水平。在完成恰当的预先着地姿态和落地过程中，动作的反向冲击力是训练的最终特征。

度的增加而不断增加。这个变化与向心运动相反。在向心运动中，力会随着肌肉收缩速度的增加而减少。有一种理论认为，从离心收缩转换到向心收缩的速度越快，肌肉产生的张力就越强，肌肉产生的爆发力也可能更强（Komi, 1973）。运动员可以使用下降路径和弹性表面以及其他的变式来进行这方面的训练。

特定性

另一个对于快速伸缩复合训练至关重要的运动训练原则是特定性。在运动训练中，特定性指的是对特定类型的超负荷的神经肌肉和新陈代谢适应性。训练压力——针对特定肌群的力量训练——引起了特定肌肉部位的特定的力量适应。例如，耐力的增长只能通过耐力训练来完成。特定的练习可以引起特定的适应性，从而达到特定的训练效果（McArdle, Katch & Katch, 1981）。为了跳得更高或者更远，运动员必须根据这些参数（高度与距离）组织跳跃训练。为了提高速度，他们必须达到目标特定的速度频率。因此，特定的快速伸缩复合训练或拉长–缩短周期训练是发展爆发式肌肉反应的一种方法。这种方法不仅可以通过抗阻超负荷和暂时超负荷实现，还可以通过空间超负荷实现。为了在拉长–缩短周期中实现预期训练效果，必须使用特定级别的阻力、速度和空间（例如，运动的距离）。在抗阻、用时或速度、空间或距离方面的超负荷是需要格外注意的。快速伸缩复合训练包括可控的训练频率、强度、持续时间和训练的特定性。

目前，这一领域知识的进展存在两方面的困难。第一个困难是，存在几种发展爆发力或反应性力量（或者两者）的方法，有一些是通用的，而有一些方法更具特定性，两者之间存在很大的差别。第二个困难是，这些方法已经在不同的国家、语言环境、社会结构中被研究、发展、实践和解读。

本章通过探讨以下内容，阐述了快速伸缩复合训练的体系。

• 训练力量发展速率（RFD），不仅提高最大力量还会提高动态力量，或者在高速动作中产生的力。

• 采用需要使用最大力量对抗中等阻力（动态过程）的训练。

• 使用提高反向肌肉动作或者拉伸—收缩能力的特定的练习和方法，包含特定的运动技能（Zatsiorsky, 1995）。

判断爆发力发展的最主要特质

关于成功完成离心性训练所需稳定性及力量大小，缓慢等张力量训练对离心性表现的影响，及更为弹性的训练（快速伸缩复合训练）和等张训练之间是否存在关系，运动科学家提出了一些有趣的问题。一方面，传统力量训练基本上可以增强肌肉力量。另一方面，快速伸缩复合训练可以提高肌肉爆发力。格雷格·威尔逊（Greg Wilson）等人（1993）认为，运动员可以使用动态负重训练（一种外部负荷的拉长–缩短周期训练）达到最大的机能输出。

不断评估快速伸缩复合训练参与者的力量是很重要的。以下是一些必须进行评估的力量类型。

- 核心力量，人们不经常探讨但却是最基本的和最重要的。
- 绝对力量，即最大力量，评估时不需要考虑体重。
- 相对力量，即最大力量与体重的比值，对侧重于重心转移、交叉或者横跨地面的训练非常重要。
- 动态力量，涉及一定速度下的离心和向心收缩（例如，深蹲和单一反应跳跃。一次动作结束后，必须恢复至动作起始点，再开始下一次重复）。
- 弹性力量，一种速度形式，包括弹性和收缩成分及反射性收缩（例如，弹跳落地时的快速回弹，或不断重复的多重反应）。

核心力量集中于身体的核心区，指的是控制躯干的肌肉和关节。它负责保持在所有平面和方向上动作的姿态稳定性。核心力量是所有其他力量类型的组成部分。在掌控任何外部负荷或者动作速度时，核心控制会对整个过程的开始、保持和完成各个阶段产生影响（如图1.1所示）。本书接下来的部分将大量涉及姿态控制的稳定性效果。运动表现的各个方面都是从核心开始，接着向外辐射，我们的训练也应当遵循此顺序。因此，与其把提高核心力量的概念留到最后，不如把它放到每个训练期的最开始。

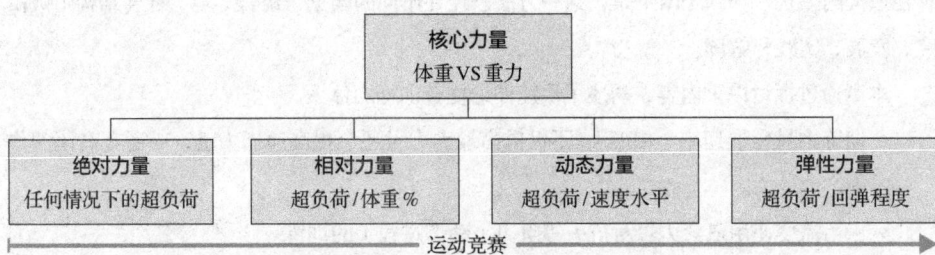

图1.1 渐进式重心压力的身体适应层级

展示和评估力量特质（例如，初始力量、最大力量和爆发力）可以让运动员更好地意识到运动表现所要求的基本爆发力特质。在进行评估时，所有力量形式均需包含其中，并根据渐进目标进行优先性的排序。例如，在杠铃深蹲测试中，运动员可能表现出良好的甚至很强大的力量。但是，他可能在纵跳测试中表现得很糟糕。这可能意味着，这名运动员在训练负荷下缺乏速度和动态力量不足。当他无法处理展示弹性力量水平的多重反应动作时，这些弱点会表现得更加明显。斯密德布莱切（Schmidtbleicher）表示，不同的力量发展速率是克服外部和内部不同负荷的必要条件，它们也会影响涉及的动作时间（Schmidtbleicher, 1992）。

传统的力量训练方法往往认为，最大力量训练法可以提高最大的力量，同时快速力量训练法可以发展爆发力。这个看法往往会让人们对训练方法的目的和内容感到困惑。斯密德布莱切（1992）指出，最大力量的增长往往与相对力量的提高有关，因此也与爆发力的发展有关。一旦提高了最大力量能力，就需要致力于爆发力和动作速度的发展；提高力量发展速率（RFD）必须成为最主要的训练目标。在运动中，可用于力量增长的时间往往非常短暂，因此RFD必须优先于最大力量。对于一个运动员来说，与其让他花费数秒在极重的负荷下硬拉或者深蹲，不如让他更快地举起一个稍轻的负荷——也就是说，使用更高的力量速率。韦恩德和同事们（2000）将之称为最大专项力量。他们认为，相较于慢慢地产生较强的力，快速地产生稍小的力更重要。

动态力量，或者说在诸如冲刺、跳跃和快速改变方向等高速动作中产生的力为第二优先级。这一部分的训练也要采用精确的评估。第4章将探讨这个方面的内容。最后，拉长–缩短周期或者如柴商斯基（1995）所说的反向肌肉动作的发展和改善则是锦上添花的部分。当肌肉拉长后迅速收缩时，肌肉可以在消耗较少代谢能量的情况下产生更多的动力。

书中综合训练的基础是一些从经验中收获的很有价值的基本原则。其中一个原则是充分利用离心收缩所产生的力。另一个是利用拉长–缩短周期以及肌肉弹性部分产生的可用爆发力。还有一个是适应快速伸缩复合训练计划的渐进式超负荷和特定性训练原则，在本章开头，我们已经讨论了这些内容。

在分析和应用使用拉长–缩短周期模型的训练时，我们必须记住，运动机能并非只是诸如力量、速度、负荷和拉伸等因素的总和。无论是快速伸缩复合训练还是其他方式，任何动作模式的运动表现都是整体性的。它是所有这些因素的整合。在发展爆发力的过程中，很多运动机制在驱动和协调骨骼肌肉系统。提高与拉长–缩短周期训练相关的肌肉控制和反应性力量与复杂的神经肌肉结构及感觉运动路径中的变化不无关系。

当肌肉拉长后迅速收缩时，力和随后的爆发力输出增强，能量消耗的总量减少；因此，较强的爆发力只消耗较少的代谢能量。关键因素在于拉长与收缩之间转换，也就是耦合。这个力并不是在向心或离心动作时产生，而是在等长条件下，在耦合时刻才产生力。耦合时间会对加强快速伸缩复合训练产生非常重要的影响。在接下来的章节中，我们将详细阐述这个内容。

在探讨拉长–缩短周期的不同阶段之前，我们首先来了解它是如何运作的。很多术语都被用来描述拉长–缩短周期的不同阶段，其中包括拉伸或离心阶段、收缩或向心阶段以及两个阶段间的短暂时期。一般情况下，这个周期将一个离心收缩过程和一个向心收缩过程结合起来。在离心收缩过程中，参与的肌肉在拉长或伸展时承受张力（负功）。在向心收缩过程中，肌肉缩短（正功）。图1.2从临床视角展示了拉长－缩短周期这一自然类型的肌肉功能。科米（1984）通过滚动一个立方体箱子和一个轮子的对比来描述这一克服惯性的效果。

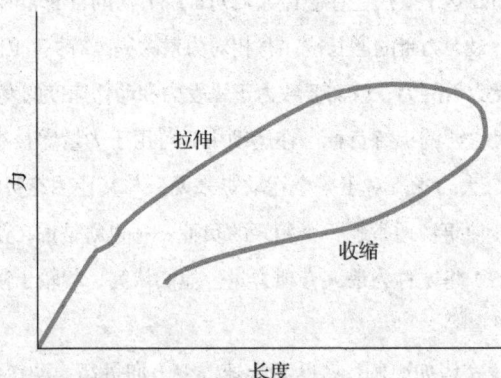

图1.2 拉长－缩短周期的临床视角

负荷和拉伸反应

当受到刺激时，肌肉的初始长度会影响肌肉收缩反应的程度。对肌肉施力或添加负荷会引起压力反应。当肌肉被施加负荷时，形变的总量（即张力）即空间（体积）改变的量。肌肉中的体液会在拉伸和收缩过程中对抗这些形变；这种流动阻力就是黏性。正是因为黏性的存在，肌肉必须按照预期力量应用的相反方向运动（这被称为预拉伸）。肌肉组织能引起更强的肌张力的特性被称为拉伸反应。不同于拉伸反射（拉伸反射指的是使用肌梭释放的冲力保持主动肌紧张的基本神经机制），拉伸反应涉及平行肌肉纤维在比静息长度稍长的拉伸长度下，所释放的最大张力。

很多教练和参与者都对预拉伸概念感到困惑；他们中的很多人将这个概念与肌肉长度或力量增强关联到一起。为了减少这些方面的困惑，我们可以按照弗兰斯·博斯（2005）、盖里·温克勒（2009）和其他专业人士的建议，将其解释为预备张力，防止肌肉在系统性收缩的过程中产生松弛。预备张力通过收缩或拉紧，使肌肉、关节及肌腱紧张，以此为接触或碰撞做准备。这种协同收缩的同步性或协调性减少了松弛并且使接触的有效性最大化。真正提高神经肌肉系统的弹性－反应势能需要同步肌腱、韧带、筋膜（肌肉内）和肌肉（肌肉间）。

弹力

肌肉力量是肌肉可以生成的最大力或张力，指肌肉群在以最大的努力对抗阻力时所产生的力或张力。与力量有关的一个重要成分是肌肉的弹力（拉长和增加张力的能力）。弹力是骨骼肌的收缩要素。一般情况下，这些能力会受到一定的限制。

弹力或拉力的幅度与组织对抗力以及在释放负荷时恢复到原来形状的能力成正比。这就是快速伸缩复合训练所强调的弹性属性。弹力允许通过借用张力，按照原方向用更大的力、更高的效率（或两者同时）来恢复原状或者相互作用。这就是回弹性——肌肉在弹性范围内吸收能量的基础。在负荷被移除后组织回到原形状时，回弹力会释放能量。

学习弹力就涉及到了存储弹性能量的概念。弹性能量是一种在离心动作阶段，黏弹性组织变形所生成的可以恢复的能量。这种能量可以在下面的向心肌肉活动阶段重新使用。弹性能量也可以解释为机械能量。在肌肉随后的主动收缩循环过程中，这个能量会被吸收储存并重复利用，而不是被当作热能散发掉。

在拉长–缩短周期中，有意识和无意识的运动过程一般指的是拉伸反射，也就是肌梭反射或牵张反射。这个梭体和拉伸反射都是神经系统全方位控制身体动作的重要组成部分。在执行大多数动作技能时，肌肉会承受某种类型的负荷。这些肌肉的快速伸展（负荷）会激活牵张反射，从而通过脊髓向肌肉发出强大的刺激。这个刺激可以让它们产生强大的收缩。

位于串联（串联的弹性部分或SEC）或平行于骨骼肌肌丝的弹簧状成分是受张力激活的（Hill，1950）。肌肉在进行离心动作时会存储弹性能量，接着在进行向心动作时恢复能量。如果抵消很缓慢，肌肉就会通过热能来散发弹性能量（Cavagna，1977）。当预备张力和交换时间达到最低水平时，弹性会被加强（Komi，1973）。研究人员认为，拉伸速度比拉伸长度或用力大小更加重要。目的是实现快速预拉伸动作而不是较长时间和较慢的拉伸（Bosco & Komi，1979；Cavagna，1977）。拉伸速度（和预备张力）比拉伸大小（或长度）更加重要。

此时，我们必须强调"松弛"的概念。正如之前所提及的以及在后面的章节将探讨的一样，在快速伸缩复合训练中，张力比拉伸更重要。大量的研究显示，须通过向心收缩才能让肌肉达到特定长度、拉长弹性成分并因此获得合适的张力。肌肉收缩至可工作长度所需的时间被称为上升延迟期。上升延迟反向影响了肌肉对爆发以及快速有效地适应接触点的需要。这里需要一段反作用力的时间。在面对外部力之前，肌肉必须准备充分的张力（预备张力或刚性）。这个反应动作包括：(1) 肌肉预应力准备（弹簧负荷）；(2) 加载和进一步拉伸串联的弹性部分（SEC）以及收缩要素（CE）的对抗时间；(3) 在下一次的向心收缩过程中达到最大的力。

在进行最佳跑动时，直立姿势可以让身体与地面接触减少。SEC弹力和CE刚性可以产生快速、有力的反应或者不费力量的回弹。正如第2章和第7章中关于技巧的详细阐述一样，脚踝的中正位置可以在与地面接触之前产生刚刚好的跖屈，从而为受到影响的肌肉组织做好准备以及在接触时减少松弛时间。

或许弹性反应是描述从离心或拉伸转换到向心或收缩的循环部分的最准确词汇。这是甘贝塔在1986年提出的概念。弹性反应中一个重要的部分是冲力，或者说一个使身体进入运动状态的力，以及这个力所产生的动作。越大的冲力会产生越好的效率。当正功前出现较强的拉伸时，会引起更好的机械力效率。这就是增强作用（Komi，1986）。这个力学术语解释了协同增高的能量水平，同时突出了有效性。

肌肉收缩

人体会不断收缩肌肉，以此对抗不断受到的外力及冲击。肌肉收缩（或者动作，这是一些生理学家所使用的词语）包含负向（离心）和正向（向心）两种动作。在离心收缩中，肌肉必须承受张力和拉长，或者说伸展（被称为负功）；在向心收缩中，肌肉必须承受张力和缩短（被称为正功）。当肌肉所承受的外力大于自身内部张力时，肌肉会被拉伸，出现离心收缩。这种收缩类型可以让肌肉阻止骨骼的运动，也就是减速。相对于等长姿势，离心收缩可以让肌肉承受更强的张力。因为肌肉的负荷可以让肌肉变长，这就是负功（相反，在向心收缩克服阻力时会产生正功）。当肌肉产生离心收缩时，肌肉在被拉伸的同时会产生力。外部负荷比内部肌肉能施加的力更大。基本上，离心收缩可以控制在重力方向下所产生的所有动作。

这里的重点是，负功消耗的能量比正功消耗的能量少。相对于向心收缩，身体在完成离心收缩时需要较少的运动单位激活，同时消耗较少的氧气。因此，能量输出和输入之间的不同在于离心运动比向心运动具备更好的机械效能。

当按照适中到较高速度执行离心动作时，肌肉会要求快肌纤维工作；因此它们会被优先动员。他们具有更高的脉冲（神经放电）频率和更粗大的纤维，因此每个动作单元相对于其他的肌肉纤维类型可以产生更多的力。相对于向心收缩，离心收缩产生更大的力，因为身体会在肌肉附着点生成更强的张力。相对于向心运动，附着点的肌腱可以在离心运动中承受更大的负荷。

总之，因为化学、机械和神经因素会影响收缩肌肉的力和刚度（Komi，1973），（在快速向心收缩之前）离心拉长可以在骨骼肌肉中产生最大的力量和爆发力。这就是快速伸缩复合训练的主要收缩类型。

本体感觉和增强作用

动作知觉可以从肌肉传输到脊髓、大脑接着再传回到肌肉，期间通过肌肉骨骼感知器官、中枢神经的分析、动作单元的募集和肌肉硬度来调节动作。

预备拉伸（现在我们理解为先张法）和激活神经肌肉的训练可以提高神经动作和肌肉

表现的效率（Bosch & Klomp，2005；Schmidtbleicher，1992）。使用拉长－缩短周期或者快速伸缩复合训练的练习可以刺激神经肌肉系统发生改变，从而加强肌肉对细微短促的肌长度变化快速而强大的反应能力。一个重要的特点是，这个练习可以让神经肌肉系统更加快速和有力地改变方向。

由于错误的落地技术会对受伤产生影响（例如，下肢ACL撕裂和足部压力性骨折），越来越多的研究开始针对评估领域和风险因素。帕多瓦和同事们（2009）表示，动作模式是影响下肢受伤风险的重要且可改变的因素。建立恰当的本体感受和加强落地模式是一种不仅可以改善运动表现同时可以减少上述受伤机会的有效方式。正如前面所提到的以及接下来全书中即将强调的，通过渐进式练习建立的落地技巧，可以提高安全性和培养运动表现的运动模式。

可以制定孤立每个身体部位的快速伸缩复合性练习。这些练习包括一系列跳跃、交换跳以及跨越跳，屈曲、伸展和躯干旋转，以及抛投、投掷和传推。第5~7章有关于这些动作的描述与定义。而这些仅仅是探索拉长－缩短周期所有动作中的一小部分。

缓冲

作为一个概括词语，"amortization"指某个东西逐步消失、消灭或消除；在拉长－缩短周期中，"amortization"指从离心收缩的开始阶段到向心收缩的开始阶段所消耗的时间（如图1.3所示）。

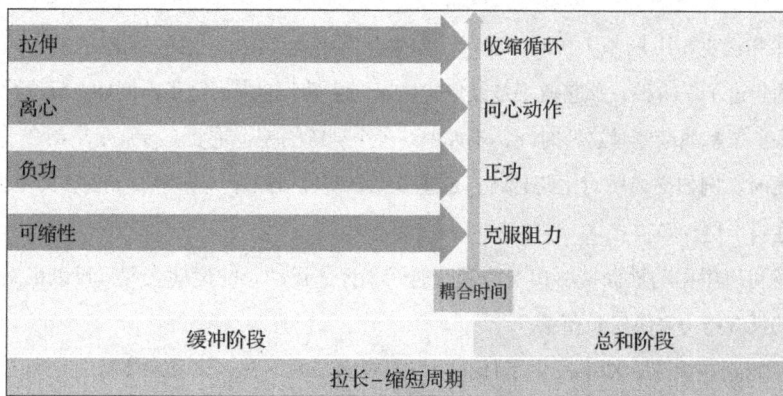

图1.3 缓冲术语

将离心收缩和向心收缩之间的时间间隔降到最低对于提高动作效率是非常重要的。这中间存在两个延迟时期。一个是大脑向肌肉收缩发出信号到肌肉开始动作，另一个是肌电活动的出现到肌肉出现张力，即肌电延迟（EMD）。相对于向心收缩，EMD在离心收缩的延迟时间会比较短。这个缩短的反应时间强调了在最少时间中产生最大的力的重要性。由于在拉伸过程中会出现一系列弹性成分（SEC），因此拉长－缩短机制可以提高力的产生。换言之，SEC存储的弹性能量提高了离心效率。

拉长－缩短周期的决定因素

拉长－缩短周期练习的评估因素包括时间、量和强度。金（1993）列出了下面的因素：

- 离心动作的速率，即（拉伸的）缓冲阶段
- 向心动作、反冲或者（收缩）总和阶段的速率
- 离心肌肉动作停止和向心肌肉动作开始之间的延迟，即耦合时间
- 如果有涉及的话，还包含外部负荷总量

以上的因素只发生在少于半秒的时间，却可以改变宏观的训练形式（如图1.4所示）。我们经常需要快速地将持续的拉长－缩短周期运动或高强度的弹性和反应方式，与速度力量导向（负荷，且没有上述方法具有弹性和反应性）或冲击方式进行区分。斯密德布莱切（1992）认为，长或短的拉长－缩短周期在于，一个多于250毫秒，一个则少于250毫秒。在图1.4中，"向下"部分指出了拉伸的总量；"向上"部分指出了收缩的总量、拉伸和收缩两者的组合以及两者之间的延迟（耦合时间）。这些信息都在表格中的"接触（contact）"部分。注意时间差异以便获得最少的接触（contact）时间，和最大的动作飞行（flight）时间。

斯弗和沃克霍山斯基（1996）表示，如果在需要高冲击、强度、速率或发力的练习中耦合时间超过了0.15秒，那它就不是经典的快速伸缩复合冲击训练了，例如，纵深跳跃。在我们看来，了解如何测量这些时间，不如理解各个训练的差别重要，特别是当结合了更大的运动幅度时。例如交换跳对比跨越跳；或者是像从更高处跳下一样增加了更多的重力负荷，或者是在身上增加负重。

教练可以根据与地面接触情况或耦合时间来评估运动员的运动表现，可以根据地面接触时间的反应能力来决定负荷量。

想要判断在快速运动中发生了什么，需要对理论的理解，以及对姿势、平衡、稳定性及灵活性的观察。因为大量的拉长－缩短周期改善取决于力量培养的速度和神经肌肉协调性的发展，因此教练必须仔细思考训练类型、渐进式应用及快速伸缩复合训练的特定性。例如，在蹲跳训练时，在特定阶段和渐进式训练时使用15~20千克的外部负重（例如，沙包或负重背心）与在特定延长的距离中进行跳跃训练是一样有用的。但是对于短跑运动员来说，低重复次数的交换跳与高质量的冲击性训练可以强调短跑所要求的快速和高质量的爆发式重

复，然而拉长−缩短训练方法不可以。

　　最好避免出现重复持续时间、外部负重和从高处跳下等情形，除非运动员达到较高的技能熟练等级。同时，最好避免牺牲质量追求数量的重复训练。但是，可以在持续练习和负荷因素中使用拉长−缩短循环。通过评估每个训练阶段，及每个阶段中的时期目标，可以确定拉长−缩短周期中大部分训练量的水平（在持续练习中）。第4章列出了这个评估系统的例子（持续压力和复杂性）。

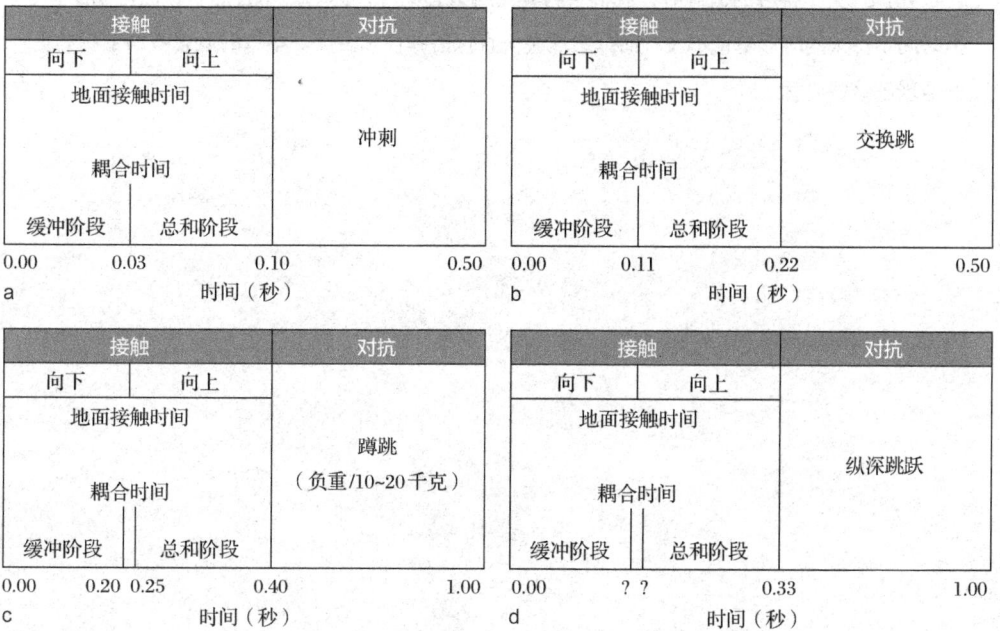

接触		对抗
向下	向上	
地面接触时间		冲刺
耦合时间		
缓冲阶段	总和阶段	

0.00　　　0.03　　　　0.10　　　　　　　　0.50
a　　　　　　　时间（秒）

接触		对抗
向下	向上	
地面接触时间		交换跳
耦合时间		
缓冲阶段	总和阶段	

0.00　　　0.11　　　　0.22　　　　　　　　0.50
b　　　　　　　时间（秒）

接触		对抗
向下	向上	
地面接触时间		蹲跳
耦合时间		（负重/10~20千克）
缓冲阶段	总和阶段	

0.00　　0.20 0.25　　0.40　　　　　　1.00
c　　　　　　　时间（秒）

接触		对抗
向下	向上	
地面接触时间		纵深跳跃
耦合时间		
缓冲阶段	总和阶段	

0.00　　?? 　　　　0.33　　　　　　1.00
d　　　　　　　时间（秒）

图1.4　基于训练形式的拉长−缩短因素：a.冲刺；b.交换跳；c.蹲跳；d.纵深跳跃

　　为了继续探讨松弛概念和使用生物及生物力学系统进行更好的讨论，我们将通过共同收缩来详尽探讨更多关于分割身体区域的内容。首先，必须保持直立的身体姿势。在我们看来，直立并不总是意味着与地面完全垂直，而是身体部分相对于垂直地面接触点来说，保持笔直、稳固的状态，在接下来的章节里将对这项内容进行更加详细的阐述。同时，为了减少并利用好与地面接触的时间，一个短的耦合时间也是必不可少的。最后，在与地面接触（刚度）之前还必须具备预备张力，这样对垂直方向的落地以及水平方向的负荷有利。

　　如果身体是一幅简笔画，那么我们的目的就是让图画出现最少的棱角或断笔。有些跳高教练以较矮的横杆为例来解释这个概念。他们用跳高杆的一段截向地面演示滚杠对地面产生的推进力。在与地面接触时，必须保持姿势不变，并立刻跳过跳高横杆。在动物世界中，我们常常可以从鹿和羚羊跳跃或弹跳时直观了解这个关于刚度的概念。这种跳跃形式也就是弹跳（例如，双腿绷直的跳跃）。在这个部分，破坏或形变越多，便更能从地面借力。相反，如果关节不能屈曲，从而无法引起拉长-缩短周期的话，那么这种弹簧蓄力现象如何发生呢？

肌肉内协调通过等长收缩关节，为落地及接下来的起跳做准备，理解这点很重要。姿势控制及同步硬化（绷紧肌肉）可以使肌肉激活并像弹簧一样蓄力，使其更好地为接触面做好准备。这个概念不仅可以应用于足部与地面，我们会在以后的章节中解释。

在探讨关于接触的概念时，我们会将其比喻成弹力球，而非一个番茄。番茄可以反弹，但时间不持久同时形变也不大；而弹力球会一直保持弹性和硬度。本章的概念有助于我们更好地理解这些内容。

第2章

运动爆发力的激活过程

第1章阐述了运动爆发力表现中的概念及特性。现在，生物学和生物力学已经成为激发运动爆发力的一部分。生物学方面包括神经肌肉系统和其他可以提高爆发力激活的系统。肌肉收缩、反应和收缩能力以及神经通路都会对动作协调性产生影响。

爆发力训练的一般概念

与其他拉长-缩短周期或运动训练一样，在快速伸缩复合训练中，在保持恰当且有效的运动表现的同时，遵循指导原则以确保安全同样重要。本章侧重于训练的基本概念。这些概念对于良好地发挥技巧至关重要。优秀的训练课程包括以下6个基本要素：

1. 热身：全身（髋关节灵活性行走训练、弓箭步、爬行）、核心（腹部、下腰背）以及特定部位（技巧训练、跳跃、加速）

2. 动态练习：爆发力动作（例如抓举、跳跃、投掷、起跑）

3. 力量练习：负重多关节动作（例如蹲起、挺举、负载冲刺）

4. 独立练习：躺下或坐下的动作（例如卧推、滑索练习）

5. 灵活性练习：流畅的全身动作（例如敏捷性、拉伸、恢复性步伐练习）

6. 整理运动：拉伸、柔韧性（灵活性）练习、手法按摩治疗以及冷水浴

热身

因为快速伸缩复合练习强调姿势、平衡、柔韧性、稳定性和灵活性，因此必须在所有练习之前完成充分的热身。初步热身活动必须包括渐进式和强烈的可以提高体温、黏展性、血液流动速度和肌肉组织新陈代谢的动态动作。所有这些都是为激活肌肉骨骼系统而做准备。积极的执行动态和特定的热身活动可以确保身体在进行运动时处于最佳准备状态。

正如沃伦·扬（2002）和其他研究人员所表示的，动态热身是对特定技能的预热；正确地应用技能可以提高每个动作所涉及的神经通路的本体感受效果，激活特定的动作单元，同时让身体技能在生理和心理上做好准备。在应对关于被动柔韧性和动态灵活性之间的争论时，过去几年的很多研究显示，相对于动态方法，被认为最有利于受伤预防的被动方法与受伤预防之间并没有太大的关联，而且被动方法还会导致能力表现水平衰减（Cramer，2005；Shrier，2004）。

以下是一些组成特定技能预热的一般热身练习示例（髋关节灵活性行走训练、弓步蹲、爬行）。热身之后紧接着是技术训练。这些技术训练从行走到跳跃以及节奏跑（向前、侧向及向后），核心练习（姿态、平衡、稳定性及灵活性），到特定的举重热身技巧（在推拉、深蹲中使用轻杠铃或棍子）渐进进行。

常规练习

行走——膝盖贴胸腔，前进

弓步——向前、两侧和向后

爬行——双手和脚跟着地

垫步跳——像短跑一样，跨步和小跳

侧向滑步——在双脚不交叉触碰的情况下，左右滑步

卡里奥卡步——葡萄藤一样的步法，向后迈步，再迈步，接着向前迈步，扭动髋关节

向后运动——脚步带动身体向后，并尽可能地跨大步伐

柔韧性

颈部转动

肩滚翻

肩部旋

躯干扭转

髋关节转动

膝滚翻

踝关节转动

腿部摆动

肌肉预热

向前

迈步练习——包含（A）行走、跳跃及奔跑的加速训练和（B）速度力学

快速垫步跳——强调推力、腿部动态及髋关节力学

踢臀跳——强调向上而不是向后进行脚跟恢复

节奏——使用单腿的冲刺及跨步的间歇训练组合

快速的腿部节奏——用单腿的冲刺及跨步连续训练组合

侧向

侧向滑步——采用较长的步伐并以较低的髋关节姿势左右滑步

侧向垫步跳——采用较低的髋关节姿势左右跨越跳

向后

向后跑动——在向后跑动时模仿向前跑动的姿势

向后——保持较低的髋关节姿势，采用较小的步伐，在向后跑动时保持较低的身躯

向后垫步跳——保持倒退姿势，采用踏步跳跃节奏

向后滑步——保持轴心点身体不断向后侧滑步，保持身体向前

向后踢臀跳——后腿向后上方踢，前腿用力蹬

提拉

早安式

直腿硬拉

推举

颈后推举

实力举

交替推举

深蹲

支撑深蹲

支撑弓步

45° 或侧弓步

　　热身运动可以让身体做好冲刺、跳跃、切入和跑动的准备。这些运动可以调动身体做好准备，以便在技术上达到快速且爆发的运动表现。同时，这些运动还可以逐步从行走发展到节奏短跑，并且往往具备强劲的动态质量。那么，为何不可以采用慢跑、踢臀、定位踩单车等运动呢？这些运动主要针对膝关节而不是髋关节，会培养出错误的跑动及跳跃姿势。此外，这些运动一般按照一定速度进行训练，而且还会使用一定的重复训练总量，难以在恰当的技巧部分颠倒顺序和进行再次学习。恰当的技巧和正确的执行速度才能完成爆发力动作。问题是：哪些热身运动可以培养更好的运动力学？哪些运动会导致出现糟糕的运动力学？

　　在完成热身运动之后，必须保持核心温度。核心温度并不由外部流汗或环境温度所决定。举个例子：一个运动员用恰当的时间完成了热身，却选择了一个平躺或坐姿的运动作为第一个练习（例如平板卧推）。在10~15分钟的运动之后，她打算练习深蹲、硬拉或跳跃训

练。她的身体在发热并且也在出汗，但是她一直保持平躺姿势，即使正在进行具备一定强度的推举或移动训练时也是如此。这是一个糟糕的课程设计。虽然运动员感受到温热，但她的核心肌肉的条件却处于下降状态。虽然她在后续的硬拉和深蹲练习中身体还是有热度的，但这个状态只是外在的（皮肤温度）而非内在的（脊柱和盆腔）。接下来推荐的训练计划是一个训练安排管理的好例子，同时也着重强调了爆发力。

主要的训练课程

主要的训练课程必须时间短且强度大。课程必须在时间执行上保证维持肌肉骨骼系统的温度且保存它们的能量。

休赛期的训练时长应为一小时左右，同时包括热身和整理运动。根据有些举重训练中的组数、组内动作循环数及休息方法的不同，有些训练可能会比原基础加长15~25分钟。同样的，像快速伸缩复合训练的速度与敏捷组中间需要保证最大休息时间，这种情况下训练时间也可能超过一小时。然而，为了保证最大化进步，这种超时长的训练不应该经常发生。

想要达到最佳训练效果，计划中需包含一个有效且完整的热身活动，全程保持核心温度，并且需包含一个充分的整理与恢复运动，以便为下次训练做准备。

遵循最佳爆发力表现训练原则，以下要点是准备活动、运动表现及后续训练的关键因素。

- 热身之后必须进行动态和爆发力训练部分（例如，奥林匹克推举、跳跃、投掷、起跑和加速）。
- 快速爆发力训练之后应当是负重最大或最艰难的训练（例如，深蹲、弓步、雪橇拖、沙坑）。
- 第三部分或接近最后部分的练习必须包含幅度较小的孤立训练，例如，传统力量训练、康复治疗练习和仰卧或坐姿练习（例如，仰卧推举或倾斜推举，器械练习，肩部、手肘、手腕、髋关节、膝盖和踝关节孤立训练）。
- 练习必须总是以移动性运动结束。流畅的全身动作可以让身体完成内在恢复以及达到最佳的动作成效训练（例如，敏捷性练习、光脚大踏步和定向练习、倒退跑动和大踏步、伸展、滚动）。

表2.1是正常练习进程的时间线示例，一个是健身房内的训练，另一个是操场上的训练。

表2.1　健身房和操场练习的时间线示例

时间	健身房	操场
:00	动态热身	动态热身
:05	核心练习	髋关节或灵活性练习

（续表）

时间	健身房	操场
:12	技术举重热身	技术形式运动
:20	进一步举重训练	快速伸缩复合训练和短跑训练
:45	灵活性或孤立力量训练	敏捷性或灵活性练习
:55	整理或拉伸	整理跨步和拉伸

整理运动

整理运动是练习活动中的最后部分，必须采用放松、高效且有用的方式进行练习。在训练完成之后，运动员应该立即进行能够充分恢复精力的活动，以便能够为下次高质量完成练习做好准备。

在整理运动时，首先必须增加整个系统的血液流动。可以通过外部操作或内部运动激活来实现。下面的部分描述了可以在整理运动中进行的活动。

短跑准备运动

在热身部分提到了培养短跑能力的特定运动。短跑准备的A和B系列（即马赫练习）是以曾为波兰队指导后任加拿大短跑教练的杰勒德·马赫（Gerard Mach）的名字命名的。马赫创造了特定的短跑强化练习。他改进练习的目的是通过一些具备节奏的协调性动作技能来持续进行肌肉培养。每个动作技能在恰当的爆发性冲刺过程中都强调一个特定的部分。波兰的冬天和短跑场地的缺乏催化了这种活动训练方式——经常在走廊和小健身房中进行。

关于短跑训练A和B系列的使用存在一定的争议。这种争议是必然的，因为很多不同的技巧运动、热身训练和跑步形式都使用这些练习。练习的主要目的是在不需要重复练习全面冲刺的情况下使用冲刺肌肉。这些都不是特定设计的形式和技巧。运动员可以利用诸如山坡或雪橇等抗阻来更快且更持续地提高速度技巧。使用针对技巧运动的B练习往往会陷入学习曲线而不是促进能力提高。使用这些练习的最好方式是尽可能多地练习短跑。最佳的使用方式是作为腘绳肌、髋关节屈肌、腹股沟和腰部受伤的康复和恢复训练。因为导致这些伤病的主要原因是髋关节灵活性不足、缺少正直姿态及使用膝盖－钟摆技巧而非髋关节－活塞技巧。采用这些渐进的练习方式可以避免糟糕的跑动姿势和步伐幅度过大。

拉伸运动

拉伸运动是一项由来已久且安全的整理运动。这个运动可以通过多种形式提供各种不同的优势。

21

- 被动拉伸运动——耐心且放松地保持肌肉群拉伸30秒或更长时间，在热身运动中也会进行这样的训练。但研究显示，被动拉伸在整理运动阶段作为训练的收尾，可以为整体运动表现与提升提供更多好处。
- 主动孤立拉伸——包括使用带子、绳子或搭档拉伸肌肉，并通过收缩和放松目标肌肉的拮抗肌来增加拉伸范围。
- PNF，又称为收缩－放松拉伸——需要一名搭档像在被动拉伸时一样，协助拉伸者在拉伸时控制目标肌群。在几秒之后，当运动员收缩目标（靶肌群）肌肉群以便肌肉组织返回到正常（未拉伸的）位置时，搭档可以提供轻微阻力对抗。完成之后，可以在更大的范围内以轻松的动作重新练习拉伸，重复训练两次或三次。每次运动都是以放松的拉伸动作结束，而不是收缩动作。

动作的柔韧性和灵活性训练

动作的柔韧性和灵活性训练有助于训练后期的恢复。以下是一些训练形式：

- 光脚运动练习——因为在足部和踝关节有比较多的骨头、关节和小型肌肉，因此向前、向后的运动以及各种不同方向的适当强度运动有助于训练恢复和提高发展能力。当脚趾张开时，可以很容易地在地面上做好恰当的足部和踝关节定位准备。当足底在草地上同时进行恢复、按摩时，有些研究者认为会产生一种叫作着地（earthing）的治疗效应。
- 爬行和攀登——在热身运动中，爬行和攀登是简单、快速、低强度的活动，而且可以活动髋关节周围的肌肉（腰部、屈肌、伸肌、腘绳肌、内收肌、外展肌和股四头肌）。
- 倒退跑动——倒退跑动有利于建立恰当的上半身跑动技术。在激烈的快跑、跳跃和跳动之后，这项运动可以打开髋关节屈肌，同时放松腘绳肌。

冷浸

另一个越来越受欢迎的恢复方式是冷浸，可以采用以下形式进行：

- 冷热对比
- 冷水浴
- 冷水缸内灵活性练习
- 冷冻室

更聪明的力量训练

在任何类型的能力提高过程中，我们总免不了会问：怎样才能更好？从我们最终的目的来看，答案就是进行更聪明的训练（Erro，1995）。大多数训练的宗旨只是努力。但是，只有采用聪明的方式，努力进行训练才有意义。不要只是为了难为自己而训练（例如，我汗流浃背并且呼吸困难，而且我还感到酸痛和疲劳，那么这样的训练肯定是有成效的）。

正如热身部分简单提到的，有些训练只是很艰苦，但却并不是为运动表现而服务的。在这种情况下，运动员只是不断地练习失败，进行重复训练，直到无法发挥自身所有的技巧、运动速度和能力水平。这种情况在爆发力训练中经常发生。像健美操班的快速伸缩复合训练"力量时刻"、计时的快速伸缩复合训练组及爆发举重练习，都是只为了追求循环数而牺牲了运动表现质量，以此获得所谓"好的、艰苦的"训练的例子。

正如在后面的章节里所探讨的，快速伸缩复合训练必须优先考虑质量而不是数量。通常，过度的训练次数并不是导致练习失败的原因；忘记了追求运动表现的初衷才是。聪明的训练意味着充分地理解本章以及前面章节主要提及的高水平运动表现所需的爆发力条件，理解耦合时间和更好的着地适应有利于提高计划、设计能力以及成功执行训练。

关于努力训练和聪明训练有两个最常见的例子，即跨栏跳跃和跳跃前行。跨栏跳跃是一项非常流行的快速伸缩复合训练。只要运动员按照着地适应的所有要素（直立姿势控制、短暂耦合和接触时间、预备张力和垂直活塞式着地）跳过了障碍，那么就成功完成了训练。教练总会觉得，提高障碍物的高度可以使运动员得到更好（难度更大）的训练。然而，运动员可能会因为过分努力地跳过障碍，而把所有的着地适应要素抛之脑后。在双腿跳、交换跳和特定负载纵深跳跃（例如，增加落差、跳簧、负重背心）时，这个概念同样会具备一些优点，因为在落地时必须发力克服这些负载。问题是，这种类型的力量培养存在负面后果。这种后果不仅影响整体能力表现，而且伤害运动员的健康。运动员着地的时间越长，那么越会发生糟糕的事情。

第1章列举了弹力球和番茄对比的例子。运动员是否掌握正确的着地技巧可以决定运动员在着地和离地时是更像弹力球还是更像番茄。掉落的番茄会反弹，但效果不好且形变很大。增加番茄落地的高度或增加额外的负重不仅减少回弹，而且会出现更显著的变形，直到啪唧一声，番茄摔烂了！只要运动员的地面越障方式类似于弹力球，训练就可以达到很好的质量。一旦出现番茄-方式，那么运动员一定是离地太高，训练次数过于频繁，或者过度推举。

甘贝塔（1992）表示，"训练即恢复，恢复即训练"。对渐进式快速伸缩复合性练习来说，这个观点无比正确。很多研究显示，ACL受伤、足部和踝关节压力问题是因为着地时间太长以及不正确的着地技巧导致的。与其无动于衷直到伤病发生，教练和运动员应当将渐进式地执教、训练和运动表现提升作为培养计划整体的一部分。后面的章节将为相关计划提供重要的指导。

手动按摩疗法

另一种流行的恢复类型是手动按摩疗法，如下所示：

- 泡沫轴
- 球
- 珠子
- 水脉冲
- 按摩治疗师

不管教练或实际参与者决定在爆发力训练的准备和过程中包括哪些方面的内容，我们都必须了解目前训练中依然存在的多种传统且无效的练习导致的不良影响。类似地，我们还必须了解在热身运动和有效的训练课程中制定恰当规章流程的好处。

第**3**章

爆发力训练的方法和器材

快速伸缩复合训练的真正价值在于使用高度协调且良好执行训练的规章流程。这些流程可以指导参与者和教练以渐进的方式培养最佳运动表现和技能。

为快速伸缩复合训练做好准备

不管是参与者还是教练，都必须在评估教学、学习和测试时谨记快速伸缩复合训练的原则。基本的渐进发展方式和评估过程可以提供良好的训练，同时引导出更复杂的练习方法。

形式和执行

通过评估每个练习重复动作的姿势、协调性、稳定性和灵活性，可以很好地衡量恰当的形式和执行。在练习时，是否采用直立姿势控制？动作是通过支撑脚脚背保持平衡的吗？所有参与动作的关节是否保持稳定？以及动作是否在最佳动作范围（灵活性）之内执行？

本小节将介绍执行大部分增强式双腿跳、交换跳和跨越跳练习的指导原则。遵循这些原则可以获得最大化的运动表现。在支撑腿耦合的过程中，以加速的方式应用这些指导原则。动作的重点从着地部分的离心运动转换为起跳部分的向心运动，即力的转移（Jacoby & Faley, 1995）。这是评估最佳运动表现的有效负重处理、备张力和姿势控制训练的重点。

抬脚尖原则

抬脚尖原则指的是在稍微背屈时锁定踝关节，同时在着地时足中段和前足完全着地（如图3.1所示）。足部和踝部的弹簧负荷效应可以防止足部脚趾冲下的情况发生。保持脚趾冲上、脚踝锁定在中立负载位置可以减小松弛效应（见第1章），同时预先绷紧身体以便更好地着地。在早期训练与渐进学习中保持光脚的好处是：当脚趾暴露在外时，正确的落地姿势可以很自然地完成。

提膝原则

提膝原则可以提升最大膝盖驱动与髋关节伸展，或起跑时的喷射力。摆动或推动膝盖向前和向上可以将屈曲的膝盖和相对的伸展的膝盖拉伸到最大距离（如图3.2所示）。在评估任意方向的加速力学和有效的步长时，我们往往关注的是膝盖之间而不是两脚之间的空间距离。

提臀原则

当双膝向上提举时，可以更有效地推动髋关节。使用良好的姿势控制同时保持髋关节向上和向前提起可以减小落地系统的松弛效应，并且加强着地适应力（如图3.3所示）。可以将身体看作一幅简笔画，在与地面接触时，出现越多的弯曲部分，那么在接触过程中就需要花费越多的时间。当髋关节向上提起时，可以迫使身体在与地面接触时保持更笔直的状态，同时着地动作会更有效、有力。

图3.1 抬脚尖原则

图3.2 提膝原则

图3.3 提臀原则

提踵原则

提踵原则通过减少弧度及摆腿速率，可以将臀部与身体在奔跑时更远地推射出去（如图3.4所示）。导致不正确跑动过程的最常见原因是：在足部离开地面时，脚跟开始向后和向上而不是在起跑之后脚跟立刻向上和向前。提踵原则由髋关节屈曲启动，而非膝关节。好消息是，当脚趾向上屈曲且膝盖向前上方驱动时，足跟很可能会自然地向正确方向移动到大腿肚的正下方，为下次地面接触做好准备。

图3.4 提踵原则

翘拇指原则

翘拇指原则，又称为封阻原则，用于上半身姿态以及持续力表现。在艾萨克·牛顿（Isaac Newton）看来，每个力都有一个大小相同、方向相反的反作用力。在双腿跳、交换跳和跨越跳练习中，当双膝向上时它的反作用力是双臂相对双膝向前摆动。这个强大的动作会促使拇指向上（就像要戳眼睛一样，但是在接触到眼睛之前动作就停止了），也被称为封阻。这个动作可以使

图3.5 翘拇指原则

双肩保持竖直，躯干保持正确的起跳及落地姿态，并通过一个手肘向后的姿势，将所有向上的力整合在一起以便为下次起跳做准备（如图3.5所示）。拇指（或双手）向上绕成环形同时摆动到头部后方会减缓整个动作速度并导致力量丢失。

呼吸能力

想在运动时保持姿态控制，运动员需要明白面部及颈部放松的重要性。使用正确的呼吸技巧是至关重要的。正确的呼吸技巧有利于结构支持和执行动作。以下是一些相关的指导原则：

- 在下降过程中吸气。吸气是起跳准备工作的一部分。这个动作与手肘向后、拇指向上原则以及足部和踝关节拉紧保持脚趾向上原则相结合。这只是做好地面准备的一部分。

- 在拉伸阶段要屏住呼吸。屏住呼吸模式可以促进拉紧关节以便形成弹性反应要素（例

如，只是在着地之前屏住吸进去的空气）。

- 在收缩阶段要呼气。在执行发力起跳时呼气可以同时在外部及内部完成拉长-缩短周期，并且协调整合持续运动的节奏。

着地

以无缓冲（例如，没有延迟）方式着地的跳跃可以比以有缓冲（例如，增加屈曲从而产生更多耦合延迟和接触时间）方式着地的跳跃产生更强的爆发力。运动员越快从屈曲（离心拉长）转换为伸展（向心收缩）运动，就越能产生更具爆发力，同时也更安全的反应力。

在大多数情况下，按照好的指导方针可以在跳跃练习中做到无缓冲方式着地。所有拉长-缩短周期练习都必须在着地之前强调主动张力。临床研究和实践经验都显示了在着地之前做好肌肉组织起跳准备要比在落地时准备更重要。为了将地面时间降到最低同时促进无缓冲、张力及最大化冲力起跳，运动员必须在着地之前而不是在与地面接触之后屈曲关节和拉紧伸展部位（Bosco, 1982）。

足部落位

正确的足部落位对于屈曲以及克服做功来说至关重要。为了取得一个尽可能快速的发射（重新跳起），运动员在着地时必须保持踝关节锁定姿势。从后跟至脚趾抬起足部或者允许脚踝活动，会放慢反应力并将力从克服做功部分转移走。最佳的着地方式是屈曲脚趾，用脚掌的三分之二或全脚掌接触地面同时足部前半部分保持重心平衡。学习这种方法的其中一种最佳的方式是在坚实的沙地上跑动或跳跃。在着地印记上前脚掌应该有个大坑，而后脚跟的痕迹却不明显（如图3.6所示）。

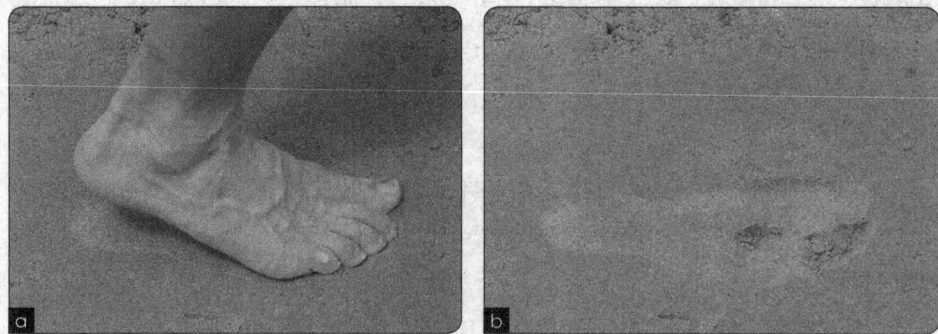

图3.6 根据沙地的印记判断足部落位是否正确

在坚实的地面并采用较高速度时，踝关节以中立、锁定姿势蓄力和采用简短、快速跖曲脚踝姿势（仍然保持脚趾向上）的目的是减少松弛和提高冲力。这是保持脚跟稍微离地的最佳方式。

强调脚趾甚至是踝骨着地可能会让运动员感到困惑，同时导致运动员在涉及腿部及足部加速动作时，平衡性差且针对性不够。随着练习的进行和执行技巧的提高，重新加快腿部速度（髋关节转动）和计算脚踝及足部正确跖曲着地的时间可以减少松弛，从而在最短的着地时间（踝关节弹动）内优化力的使用。

封阻和上半身同步化

在所有增强式双腿跳、跨越跳、跳起、交换跳、垫步跳和弹跳训练中，运动员必须通过使手臂向前和向上推进的方式将注意力集中在封阻（翘拇指）原则上。通过突然刹住动作可以保持上半身姿势和持续力量表现，从而发生封阻。当膝盖像在跨越跳及抱膝跳中突然向上时，这种倾向会使肩部向前下方倾。这时通过将手保持在翘手指位置并执行封阻，可以强迫躯干保持竖直，反作用于这种倾向，同时保持平衡。此外，身躯上半部分的封阻动作可以提供10%~12%的应用力。

跟进动作

跟进动作是很重要的、包含上半身肌肉群的快速伸缩复合练习。持续的力量和快速的动作都是很重要的。在诸如药球胸前传球或负重袋等重复投掷练习中，恢复或抓球（袋）阶段不可以超过完全伸展或屈曲的点。这样可以确保四肢和躯干肌肉组织正确伸展（负载），从而发起更强大的反应爆发力。

理解渐进式训练

双肢同时进行的练习要比单肢简单得多——尤其是对于平衡及稳定性来讲。从姿势、协调性和稳定性来看，角度的变换移动比单纯位移复杂很多。通过这个概念，我们可以改进单一的反应重复训练（运动员只采用一种重复的训练方式）——使用支撑物（或者撑杆）着地；评估动作的姿势、平衡性、稳定性和灵活性；接着重新设置和执行下一个训练重复。这种练习方式是重复动作同时中间有暂停，即重复动作多次，在每次落地动作时暂停，评估技术要领掌握度，然后在没有重新调整的情况下继续练习。这样有利于协调身体，从而在每次接触地面之前而不是接触时或之后再做着地准备。同时，当运动员最后逐渐发展到多重反应或者真正连续执行快速伸缩复合训练以及在最短的时间内用最快的速率收缩时，重复这种方式还有利于更好地适应落地。

训练必须按照压力的持续性来设计，从最简单的练习逐渐过渡到会对系统产生大冲击力的复杂练习（如图3.7所示）。练习的简单程度，根据其着地时的注意要点数量、移动的距离、跳跃过程及对身体的冲量来判断。初学者一开始必须采用强度适中的练习，例如，原地跳和使用双腿的练习。随着力量和爆发力的增加，运动员可以逐渐过渡到更大强度及复杂的练习。

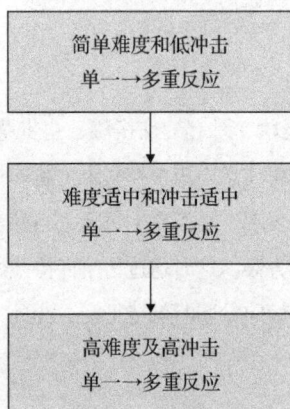

```
┌─────────────────────────┐
│    简单难度和低冲击       │
│    单一→多重反应         │
└─────────────────────────┘
            ↓
┌─────────────────────────┐
│    难度适中和冲击适中     │
│    单一→多重反应         │
└─────────────────────────┘
            ↓
┌─────────────────────────┐
│    高难度及高冲击        │
│    单一→多重反应         │
└─────────────────────────┘
```

图3.7 执教进程

以下是一些保证进程合理的指导原则：
- 首先关注腿部下端和踝关节（高抬腿、飞奔、后踢腿以及踝关节翻转）。
- 逐渐从腿部下端到整个腿部、膝关节和踝关节反向运动（例如，深蹲跳、弓步跳、单腿台阶交换跳）。
- 最后，逐渐过渡到整个躯体，髋关节、膝关节和踝关节反向运动（例如，抱膝跳、交换跳、跨越跳）。
- 使身体逐渐习惯姿态控制，分辨在地面接触与半空中时关节控制的差异。例如，抬脚尖、提膝及提踵原则可以在滞空时与翘拇指原则相结合，从而保持髋关节在提膝时，双肩和躯干上半身不会以相反的方向向前移动。在落地时，提脚趾动作在针对中立锁定和脚踝负荷时，有不同的摆位。此外，手肘必须在身躯后面，以便使身体为接下来的冲击做准备。
- 在使用药球的情况下，先练习传球与抛球，渐进到投球动作后，紧接猛推、药球转体及重复投掷等多重反冲动作。

个性化训练计划

为了实现最好的结果，快速伸缩复合训练计划必须个性化。在评估了运动员、训练基础和观察了一些练习的运动表现之后，教练员应当已经了解了运动员的个人能力和进步速度。虽然一直以来有很多关于最佳训练负载以及其他运动训练方面的研究，但是个性化拉长-缩短周期训练计划更像是一门艺术，而非科学。

超负荷和强度

快速伸缩复合训练计划必须具备抗阻性、空间性和时间性的负载。

- 抗阻负载——这种负载类型指的是关于重力、斜坡或外部的压力。
- 空间负载——这种负载类型指的是范围（矢状、前端、横断面）。
- 时间负载——这种负载类型指的是工作率或冲力。

负载会迫使神经肌肉系统在较大的强度下工作。可以通过控制每次高度、距离、外部负载或力量（或者两者），和剂量（运动量）的改变来管理负载。不恰当的负载可能会对运动的训练效果造成消极影响甚至引发伤病。因此，使用超过某些快速伸缩复合训练所要求的对抗负载，可能可以提高力量，但是并不一定有利于爆发力的发展。在大多数快速伸缩复合训练中，对抗负载会以冲力和重力、哑铃或者药球等轻负载，或自重形式呈现。

很多教练、训练师和运动员都会试图用力量训练及无氧训练"修饰"快速伸缩复合训练，因为他们相信，只有累的训练才是好的训练（跳得更高、负荷更重、呼吸更困难并且恶心）。弹性反应训练的渐进式负载指的是接触的类型和动作的复杂度，而不是以牺牲耦合时间为代价增加负荷及训练时长。将问题化繁为简，运动员可以问问自己是在像弹力球一样进行训练还是像番茄一样进行训练。如果答案是像弹力球一样，那么这个训练就是聪明的。如果训练非常艰难，而且接触地面时像番茄一样，那么就必须重新评估训练。

可以采用两种方式描述强度。这两种方式对于拉长-缩短周期训练都是很重要的。一种强调接触时所受力总量，另一种是强调训练时的努力程度。在热身和渐进式引导训练之后，紧接着用最大力量快速执行练习对最佳训练效果十分重要。肌肉拉伸的速率比拉伸力的大小更重要。在肌肉快速负载时，会出现更强的肌肉反射反应。不管处于怎样的渐进级别，在突显髋关节、躯干、附肢或执行练习时，运动员必须付出最大的努力。冲击、复杂度及滞空时间的减少受技巧影响且被训练渐进度限制，而不是因为训练不够努力。因为训练的强度，在训练流程之间安排充分的休息是很重要的。

在个性化训练中，强度和超负荷总量是两个至关重要的变量。关于拉长-缩短周期训练最佳强度和超负荷存在各种不同的观点。例如，很多教练仍然推荐运动员必须能够在某些快速伸缩复合训练中以1~2倍于自身体重的负载方式练习深蹲。但是，正如之前所提到的，这种方式并不适用于处于拉长-缩短周期持续压力之间的所有练习，而且也不适用于所有的运动员。在稍后探讨的内容中，简单的分级测试和评估可以为个性化训练提供一定的基础，即使这些测试并没有以大量科学研究证据为基础。

跳深练习是一个知名且不错的例证。博斯科、科米（1979，1981）和沃克霍山斯基（1967）验证了练习跳伸训练的最佳高度。他们同时发现从29英寸（约74厘米）的高度往下跳可以提高速度，相反，从43英寸（约109厘米）往下跳会提高动态力量。而从超过43英寸（约109厘米）的高度往下跳时，着地时垫子的缓冲时间和能量抵消了这个冲击训练的目的。

三十多年前，沃克霍山斯基第一次强调了跳深训练作为离心训练的重要性。他通过从高处跳下的起跳方式研究冲击神经肌肉反应能力的方法，同时演示了等张举重训练可以稍微提高跑动和跳跃起跳速度。沃克霍山斯基（1968）注意到，跳深训练是最好的链接重量或力量训练和速度跳跃训练的方法，同时在从高处往下跳之后，起跳的速度是提高神经肌肉反应能力的主导因素。

博斯科和科米（1982）表示，跳跃训练（落地跳）可以提高跳跃能力以及增加拉伸负载的耐力。在学习了冲力训练（跳深练习）对运动员行为的影响之后，博贝特和同事们（Bobbert et al., 1986; Bobbert, Huijiug & Van Ingen Schenau, 1987a, 1987b）也分析了落地跳和相反方向跳跃技巧（以及它们的冲击力）。他们推荐选择不会出现脚跟与地面接触的下跳高度。同时，他们还建议运动员在着地时应该把重量分散在双脚的前半部分，因为平足着地可能会过度拉伸跟腱。

当离心训练在20世纪60年代被引进时，人们认为高落地跳（76~114厘米的高度）对于达到最佳效果是必要的（Verkhoshansky, 1968）。随后，研究建议高深跳的高度不可以超过24英寸（约60厘米）（Adams, 1984; Bosco & Komi, 1979, 1982; Clutch et al., 1983; Hakkinen, Alen & Komi, 1985; Komi & Bosco, 1978; Scoles, 1978; Viitasalo & Bosco, 1982）。我们的研究（Radcliffe & Osternig, 1995）以及其他专业人员（Bobbert et al., 1986; Bobbert, Huijiug & Van Ingen Scheran, 1987a, 1987b）都表示，进一步地减少下跳高度可能比较恰当（20~40厘米）。

训练量

一般情况下，运动组数，组内重复次数与拉长-缩短周期训练运动的类型、复杂性和强度相符。训练总量还必须反映计划的阶段性、渐进性和所达到的水平。通常，重复的次数范围为8~12次，在训练复杂的起跳与落地时可以减少次数；在进行低压力训练时可以增加次数。东欧的运动科学家建议，大多数训练制定6~10组练习，而早前的俄罗斯运动科学家推荐3~6组练习，特别是对于强度比较大的跳跃运动。我们强调所有的训练量必须根据渐进式发展的持续性进行计划，因为计划会受到压力和训练复杂性的影响（如图3.8所示）。

在20世纪70年代，塔蒂安（Tatyan）和沃克霍山斯基（1973）表示，从数据上看，高训练量的速度力量训练的流程并不是很重要。当速度力量准备与目前运动员身体的功能状态相协调时，这种训练类型会非常有效。有时候，重复的次数不仅受到训练强度的影响而且还受到运动员条件、每次重复的执行以及训练成果的影响。

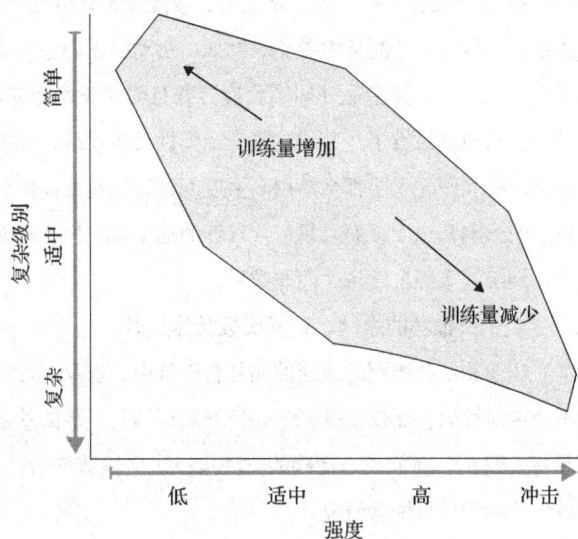

图3.8　渐进式培养的持续性

反应

大多数拉长－缩短周期训练可以分成两个范畴中的其中一个：单一反应训练或多重反应训练。单一反应训练涉及单次数、高强度的发力。例如，起跳、最初动作爆发以及释放。多重反应训练虽然也强调强度，但是更多地侧重于多次连续发力中的弹性、速度以及协调性。真正的快速伸缩复合训练的其中一个主要目标是执行连续的高冲量着地与起跳。逐渐过渡到高级别的拉长－缩短周期和快速伸缩复合训练持续统一体，要求运动员做到两种反应类型。更好的方法是加入第三个，也就是多重反应结合暂停，并将其加入到训练的教学设置中。

在执行单一反应训练时，需在每次起跳及落地时完成完整的自我检查以及姿态、平衡、稳定和柔韧性的重置。如果可以成功完成，那么接下来可以在没有重新设置的情况下以单一反应方式执行训练：起跳、着地、暂停和检查、重复。因为没有重新设置因素，因此训练是一个持续的反应组，只不过加入了暂停。持续的成功可以带来多重反应重复和推进训练渐进的发展。

再次重申，真正的快速伸缩复合训练的主要目的是以非常弹性和反应性的方式执行多重重复。尝试用缓慢懒散的接触方式完成多反应重复没有任何好处，甚至还会引起问题。因此，出于对姿态、稳定性的考虑，以及一些平衡技巧的要求，运动员应该完成单一反应训练。但是，在使用多重反应方法时，运动员必须像前文所提到的弹力球一样来完成训练。

练习这些运动可以提高神经肌肉的反应、爆发力、敏捷度和在特定方向生成力的能力。只有良好地完成每个重复，运动员才能从中受益。例如，运动员正确地完成一组跨越跳、交换跳或投掷动作并重复训练8次，接着他开始感到疲劳并且无法正确地完成训练。那么，8次的重复训练对于这名运动员就足够了。鉴于这是一个弹性反应训练，效率低下的练习将无法获得任何收获。多名教练和研究人员都会使用高强度的训练来研究高持久弹性的效果。但是这些训练都只有较低的影响和强度，而且只包含较低的运动复杂性。正如本章基本渐进训练指导原则所证明的，训练效果源自质量，而非数量。

在接下来的章节中我们所推荐的组数、重复次数及休息时间，是根据我们的教训经验，在初中、高中、大学、职业和精英级别的快速伸缩复合训练中，以及对特定练习研究的基础上得出的。但他们不是绝对性的，而仅仅是一个如何开始评估与进步的基础。目标的价值必须适用于实现训练目标。目前，我们没有精确的方法可以决定快速伸缩复合训练的训练量；我们必须在这个领域中不断地进行探索研究。

力量和时间

力量和动作速度两者在快速伸缩复合训练中都非常重要。在很多情况下，最主要关注的就是特定动作速度。例如，在推铅球时，主要的目的就是在整个运动中发挥最大的力量。运动员越快执行动作顺序，她能够生成的力量就越强，从而推出的距离就会越远。正如第1章中所提示的，动作的冲量是关键。动作必须具备较高的冲量才能够按照拉长–缩短周期和快速伸缩复合训练所指示的方式进行真正的训练。冲力作用的测量可以真正地表示训练的成效和运动表现水平。

休息

一般在训练组之间，神经肌肉系统在紧张的拉长–缩短周期训练之后有1~2分钟的休息时间就能够重新恢复。休息时间很大程度上取决于运动在压力持续等级上所处的位置。较低冲击、着地距离或接球强度的训练（例如，药球、练习袋）可以允许有30~60秒间隔的休息时间。这个时间足够让运动员返回位置或与搭档及其他运动员交换位置。在压力刻度最后的冲击强度，运动重复需要2分钟或3分钟，或者更多的时间以便系统能够处理必要力量从而让动作执行达到最佳效果。在训练日之间预留充分的休息时间对于肌肉、韧带和肌腱的恢复也是很重要的。

大多数教练提倡的频率是每周2~3天进行快速伸缩复合训练，这样能够获得最佳的结果。很重要的一点是，教练必须考虑整体训练负载、每项运动的特定动作类型以及频率和强度之间反比关系的影响。

知名专家（Gambetta et al., 1986）建议，在计划训练时，主要的指导原则会强调训练日。当练习快速伸缩复合训练动作的同一天还进行举重、短跑或投掷等其他动作时，运动员或教练必须妥善把快速伸缩复合训练放在首要的位置。如果目的是培养弹性力量，那么在开始相对或动态强度训练之前，必须在训练日较早安排更大训练量的快速伸缩复合训练。如果弹性力量在这次训练中不比其他速度或力量训练重要的话，那么快速伸缩复合训练可以放在其他训练之后，其强度也可视情况而调整。此外，在微循环（周）训练时，必须注意各种不同的强度模式（例如，动态VS绝对力量）。这些强度模式也可以指定弹性强度动作的训练顺序。表3.1举例说明了训练周的项目及时间限制。

表3.1　一周训练时间表

星期天	星期一	星期二	星期三	星期四	星期五	星期六
休息	热身 技巧 力量 速度 弹性 整理	热身 技巧 力量 整理	热身 速度耐力 整理	热身 技巧 力量 速度 弹性 整理	热身 技巧 力量 整理	主动休息
热身 技巧 速度耐力 整理	热身 技巧 力量 速度 弹性 整理	热身 技巧 力量 整理	主动休息	热身 技巧 速度 弹性 整理	热身 技巧 力量 速度耐力 整理	休息
竞技阶段						
休息	热身 技巧 力量 灵活性 整理	热身 技巧 速度 整理	热身 技巧 速度 整理	热身 技巧 特殊恢复 整理	热身 技巧 弹性 力量 速度 整理	竞技日
休息	热身 技巧 力量 速度耐力	热身 技巧 速度 弹性	热身 技巧 速度 弹性	热身 技巧 特殊恢复 整理	竞技日	热身 技巧 力量 整理

特定性

正如第1章中所提到的，提高运动表现水平要求使用特定性原则。技能的动态结构是以力、收缩和募集的肌肉组织为基础的。考虑空间定位有利于技能培养；例如，模仿一个技能的位置角度以及收缩程度可以提高神经肌肉活动同时明显地提升运动表现水平。

正如第1章中所提到的，在训练过程中保持良好的肌肉内和肌肉间协调性是非常重要的。力量和速度无法而且也不可以把协调性和同步性分开。肌肉内和肌肉间协调性的混合是影响运动表现水平的主要因素，同时训练必须具备体现这些概念的功能特定性（Bosch，2005）。

不论简单或复杂，当平时训练的动作在测试中被评估时，这种提高就会变得明显。在选择身体姿势和动作平面时，必须考虑的是运动的模式、领域、频率和运动表现的动作速度（Bompa，1993；Siff，1996）。

在训练特定的力量、速度与耐力时，运动员必须记住，拉长−缩短周期运动适用于各个不同的阶段而且要强调超负荷、强度和运动量等原则问题。不同的训练阶段要求不同的准备、技巧、培养和过渡方式。使用不同的渐进拉长−缩短周期训练，运动员可以在调整训练的过程中进行综合、多方向和具体的训练。训练年限、康复程度和竞技运动表现的紧密度会影响快速伸缩复合训练的用时和运动量。

我们推荐使用渐进式训练方法来发展一般形式的力量（例如，相对和动态部分），接着再使用冲击方法培养反应力的部分（在较高级阶段）。这个过程对于培养神经运动（本体感受）十分重要。接着，结合对自身运动或活动的认知，运动员可以应用拉长−缩短周期原则来培养较高的特定神经肌肉，从而提高运动表现水平。

选择设施、设备和服装

在掌握了快速伸缩复合训练的概念之后，运动员必须通过选择训练地点、训练器材以及佩戴护具配饰来最大化训练效果。以下内容将有利于运动员做出决定。

设施

执行拉长−缩短周期训练的地点非常容易选定而且还经济实惠。参与者可以在庭院、公园、走廊，甚至卧室练习快速伸缩复合训练。但是，在进行正确的渐进式训练计划时，选择最佳的条件是安全和有效训练的基本要素。

在寻找比较不错的设施或地点进行训练时，运动员会发现可以在大自然环境中进行离心类型的训练。根据我们的经验，草地是最佳的平面，因为草地具有弹性而且可以缓冲。我们并不推荐在浸水、泥泞的草地或者枯萎、干燥且水泥般坚硬的草地平面上进行训练。具备缓冲作用的硬木板地面（例如，室内健身馆和健身房）都可以进行早期渐进式快速伸缩复合训练；有些高低不平的表面、格子轨道和举重健身房的橡胶地板也可以进行快速伸缩复合训练。诸如体操馆地板的弹力垫子也可以进行日常训练。弹力或缓冲太强的垫子会影响着地反应；因此，我们并不推荐任何比摔跤垫软的东西。

设备

本章节所列举的设备都非常经济实惠。有些设施也提供大部分设备。

角箱

角箱是由金属、铝或木头制作而成的。它是在横向运动中，一个倾斜的可以放脚的地方。箱子角度的准确性并不是非常重要。最重要的是，每个角度必须与其他的三个角度稍微有所不同。板面底部必须足够重或者能够保证安全，这样在使用的过程中才不会移动箱子。板面必须结构坚实、耐用和防滑。可以自己制作一个角箱或从健身训练产品网站上购买。

护角板

护角板由木头或塑料制成，并采用金属、铝或实木框架。根据所使用的箱子的大小，几个护角板的高度和长度不同而且存在大小差异。标准大小是底部长12英寸（约30厘米），高度为6英寸（约15厘米）、8英寸（约20厘米）或10英寸（约25厘米）。护角板必须是实木结构、耐用且防滑。可以自己使用这些尺寸制作不同的箱子或者从健身训练产品网站上购买。

倾斜面是最近被引入用于解决着地角度和起跳概念的。这些关节链接的地板可以被设置到不同的角度来提供不同的落地适应训练。

杠铃

不同大小的杠铃长度为5~7英尺（1.5~2.1米），重量为10~50磅（4.5~22.7千克）。奥运会使用的杠铃的直径一般是1~2英寸（2.5~5.1厘米）。运动可以使用铅管、钢条或者举重设备的推举杠或者使用水管、PVC或木钉制作杠。

箱子

箱子大小有所不同，高度为12~42英寸（30~107厘米）。可以使用不同大小和形状的组合，其中包括矩形和多层类型（跳下、跳跃和交换跳）。箱子的框架必须是实木或金属；自制的箱子可以蒙上毛皮、人造草皮或防滑橡胶。

锥桶

锥桶可以是橡胶或塑料制作的，而且可以分成四种大小：6~8英寸（15~20厘米），10~12英寸（25~30厘米），16~18英寸（41~46厘米）以及22~24英寸（56~61厘米）。可以从体育用品商店、大卖场、足球商店或上网购买。

哑铃

重量为10~40磅（4.5~18.1千克）的封闭哑铃适用于快速伸缩复合训练；最好是有坚固手柄的。哑铃可以是一体式的、螺母拆卸的或焊接的。它们会被经常摆动或者从高处坠落。但是，有些较高级的方法会在完成训练之前要求放开哑铃。可以在体育用品商店或举重设备销售店购买哑铃。

负重袋

运动员应该有很多可供选择的负重袋，装满泡沫橡胶、沙子或柔软的小球并且由帆布或耐用乙烯基封装。练习袋可以是管状或钟形形状，而且重量可以为20~120磅（9.1~54.4千克），就像很多拳击假人和练习包一样。可以在销售拳击设备的体育用品销售店或销售体育教学设备、足球设备等的商品销售点购买负重袋。负重袋可以通过向洗衣袋或手提袋内填充毛巾废衣物或者沙子来制作。

跨栏

跨栏必须可调节、重量轻、便于携带，同时由铝、PVC、塑料、木头或金属制作。高度为12~36英寸（30~90厘米）。可以在田径和健身网站购买或者使用建筑工地或二手家居店的水管制作。

着地坑

使用沙子或锯末混合泥土的着地坑可以在田径场或者训练房找到。室内着地坑一般放置在地板中或地板上，里面填充了泡沫或者放置了缓冲物。泡沫池相当于8~15英尺（2.4~4.6米）正方形大小。沙坑的面积范围为正常跳远或三级跳沙坑的大小到5码（约4.6米）×30码（约27.4米）矩形的大小。可以在体育用品店、户外用品店以及家具修理店购买到泡沫垫，可以在岩石和沙砾采石场以及绿化供应商处购买到沙子。

药球

虽然需要搭档参与的皮球也是不错的，但是最好是混合尺寸的橡胶或弹性药球。根据我们的目标，针对单独肢体运动的药球重量为3磅（约1千克）或4磅（约2千克），而针对全身运动的药球重量为12~15磅（5~7千克）。最好从在线制造商或批发销售商处购买药球，也可以使用操场或者体育运动所使用的塞满、填充、缝上或者包上塑料或橡胶的球。

台阶

寻找那些封口（台阶之间没有空隙）的台阶以避免脚趾被卡在下面。台阶的高度不可以超过8英寸（约20厘米），深度不可超过8~12英寸（20~30厘米），同时宽度至少为3英尺（约0.9米）。体育馆和户内楼梯间可以找到合适的台阶或者也可以使用木头或水泥制作台阶。

弹力管或弹力带

弹力管或弹力带有利于加速运动或者为跳高训练提供安全的阻力。不同尺寸和规格的手术绳或者实心橡胶绳都可以。我们推荐较厚、较结实的类型。厚度为1/8~3/4英寸（1/3~2厘米）（询问这是总直径还是橡胶管的壁厚）。弹力管或弹力带可以从医院或制药供应点或健身产品网站上购买。

服装

爆发力训练不需要特殊的服装。任何舒服、合适、不勒不紧、不限制关节活动的运动服都可以。

鞋子

必须特别注意爆发力训练所使用的鞋子。它必须是舒服、稳定，且设计合理、专门针对长期训练的鞋子。但是，主要问题是关于合适的足部、脚踝及下腿部落定位置。这些力学机制都是必须重点考虑的方面。经验和临床证据指出，光脚和薄底鞋会比较安全可靠，因为可以减少足部内旋。将过多的脚跟接触降到最低程度，以及减少其他着地不正确行为。恰当的混合训练表面和鞋子可以促进运动员注意这些技术结构。这些方面都是运动员必须努力做到的。

负重服装

所有负重服装（如背心、腰带、短裤）都经过了临床和实践的评估，而且都获得了不错的认可。我们不推荐长时间使用特定类型，也不建议在计划的开始和中间阶段使用负重服装。

在训练的高级阶段，运动员必须根据能够实现最佳髋关节发力方式使用负重服装。他们可以使用任何适合而且提供合适轮廓线的服装，同时服装还不可以减少最终要实现的髋关节位置以及本体感受增大的目标。很多体育用品销售点和调节设备网站都销售合适的服装。

但是，记住，外部负载总会增加耦合时间，直到接触时间不再是弹性和反应性的。这种情况下，运动员就无法像弹力球一样进行训练！我们推荐，必须在没有任何外部负重、导管、绳子等的情况下执行所有多重响应的反应着地和即刻起跳。使用多重反应的主要原因是它可以提高快速有效适应着地的能力。但加入外部负荷之后就有所改变了。

弹性反应爆发力训练会一直要求使用渐进式方法。运动员必须决定开始的地方；在持续性压力、强度和技术执行之下评估成绩的方式；何地、何时以及如何使用这种训练方法。

第 4 章

爆发力的评估

任何用于提高能力表现的计划都必须有一个能够持续评估计划方向、参与者适应性和成绩的评估方法。为了让拉长-缩短周期得到最佳利用，运动员和教练们必须知道运动员的年龄、健康水平，他们是否已非常了解安全流程而适合参加训练，是否配备了适当的装备（恰当的服装和道具），以及教练是否设计了适合的训练进度。

评估能力

严格的快速伸缩复合训练是一个不错的选择吗？在进一步探讨制定特定计划之前，谨慎的做法是认真诚实地对待这类强度训练中可能影响参与者安全的因素。

在开始12周渐进式计划之前，参与者必须具备一定的基础。这包括有足够的力量，良好的基础训练技巧，了解受伤风险和从锻炼中恢复的方法。

教练必须了解参与者的年龄、遗传因素以及经验、健康情况、健身水平和力量水平。那些设计自己训练计划的人也应该一样严肃对待，因为他们就是自己的训练师！他们必须清楚任何可能在爆发力训练中抑制渐进式提高的局限因素。

年龄

实际年龄是一个重要的考虑因素。博斯科和科米（1981）已证明，成熟的神经系统和骨骼系统可能会影响个人对快速伸缩复合训练的耐受度。例如，还没有到青春期的青少年运动员不可以参加快速伸缩复合训练，尤其是高强度水平的训练。仍在不断生长的骨骼系统——骺板的软骨、关节表面以及骨突的插入部分，并不能承受一些快速伸缩复合训练所产生的极强力量。

青少年运动员无法忍受高负荷的拉长-缩短周期训练并会感到困惑，因为他们在训练和运动的过程中会面对强大的力量。这些训练和运动可能等同于或超过在恰当的渐进系统中进行快速伸缩复合训练时所面对的力量。事实是，孩子们很容易因为高强度比赛而受伤。但是，他们在超负荷持续重复训练中受伤的概率甚至会更大。

我们主张，12~14岁参与者可以进行快速伸缩复合训练来为以后的力量训练做好准备。包括瓦利克（Valik）和麦克法兰（McFarlane）等研究人员都认可这种看法。但是，我们建议青少年采用强度适中的跳跃训练方式。正如本章稍后的指导原则和相关规则所建议的，早期最好是进行一些冲击力较低和运动量较小的渐进式训练。青少年运动员只有在开始青春期之后才会对爆发式力量训练有明显的反应。因此，必须认真地制定训练计划。必须非常恰当地计划渐进式训练流程，这样青少年运动员才能够在成熟之前就可以获得许多好处（例如，良好的力学技巧、协调性、结构完整性），并掌握锻炼内容。

随着年龄的增长，神经系统能力、肌肉和关节柔韧性以及力量生成能力会有所降低，这会导致快速伸缩复合训练无法吸引年龄较大的运动员。另一方面，证据显示，自然衰老过程只是爆发力降低的部分原因。耐力训练的增加，缺乏诸如此类（爆发力）的训练以及生活方式都会对运动员在较大的年龄保持爆发力产生一定的影响。在爆发性运动赛事中（例如田径、举重）不断增长的大师级运动员人数说明了，持续在适当渐进及中等强度下使用拉长－缩短周期训练对年长运动员十分有效。正如接下来的章节所阐述的，任何运动员的能力都是可以评估的，同时，还可以根据成熟度来调整运动员的训练。

身体能力和健康局限

具备良好的整体体适能水平对于任何训练领域都是很有用的，爆发力训练也不例外。医生的体检很有用。在开始此类训练之前，人们必须体重达标，躯干基础稳定，心肺功能良好，能够不间断进行几分钟或以上的训练，在运动的各个平面都能承受自身体重的力量，以及具备能在几个动作范围中处理移动位置的灵活性。

几项身体因素应该被评估，不仅仅是为了计划训练，同时也是为了确定身体的极限。其中一项因素是柔韧性，特别是踝关节和腓肠肌群，以便确保具有适当的足部力学、髋关节组和脊椎缓冲功能。评估者必须检查训练者的姿态，特别要注意躯干力学的应用，盆骨倾斜，以及颈椎、胸椎和腰椎的定位。评估者必须查看平衡、躯干倾斜、每个附肢的关节排列，以及足部接触地面的稳定性、站位稳定性、关节张力和协调控制。

过去的伤病会限制一个人执行快速伸缩复合训练的能力。检查关节的稳定性和平衡性，以便了解膝关节、踝关节或肩关节过去所受的伤病。正如第5~7章所描述的，渐进式训练有利于伤病的恢复。爆发力训练的局限性可能是因为背部或脊柱问题造成的。这些部位或其他部位的过度创伤会影响着地能力，这个问题需要着重注意并在计划中调整。表4.1列出了一些能力和健康条件。这些能力和条件可以表明运动员是否准备好参加快速伸缩复合训练。

表4.1　运动准备状态

高水平的运动准备状态	<ul><li>足部、踝关节、膝关节和髋关节完整无损</li><li>较大的髋关节活动范围</li><li>稳定的躯干基础</li><li>瘦体重</li><li>具备运动力学结构知识</li></ul>
低水平的运动准备状态	<ul><li>不恰当的足部和踝关节力学结构</li><li>不恰当的躯干结构</li><li>很少或不具备运动教育知识</li><li>久坐的生活方式</li><li>营养不良</li></ul>

个体差异

运动员会对训练方法做出不同的反应。教练必须敏锐地察觉这些个体差异，同时运动员自身必须具备一定的自我意识。例如，女性和男性运动员之间的差异会在训练和运动表现中体现出来。此外，基因组成在很大的程度上可以显示一个人的潜力。诸如四肢长度和肌肉纤维类型分布等因素会对运动表现产生直接的影响。运动员和教练都必须注意到那些在训练发展过程中出现的局限性。虽然这些局限因素会影响运动员进步的速度，但是这些因素不应该对训练方法的基本设计产生影响。

经验

运动员在拉长-缩短周期中所达到的训练年龄或经验水平比实际年龄更为重要。例如，有些运动员有多年参赛的经验，但却没有竞技方面的训练。有些成熟的运动员在自身的体育运动方面有超高的技能，而且还非常有天赋，但他们却只接受了基本的初期训练。如果这些运动员使用自身糟糕的技巧进行他们的身体结构无法承受的训练，那么在训练中他们会有很高的受伤风险。教练必须使用能力训练评估（姿态、平衡、柔韧性和稳定性）来确定运动员的技巧和锻炼水平。第1~3章中关于核心力量、姿态控制和预备张力的内容中还描述了训练质量评估。

力量训练基础

在快速伸缩复合训练中有力量基础是非常占优势的，因此一般力量训练计划应该鼓励，而非限制爆发力发展。但是，在快速伸缩复合训练之前建立力量基础并不需要花费很大的力气。一般的推荐是人们一度使用的俄罗斯训练建议。该建议表示，在开始尝试跳深训练和类似的冲击训练之前，完成负重相当于一倍半或两倍体重的最大程度深蹲动作。这个准则仍然可以作为压力持续统一体极端的安全准则。但是，在该持续统一体的开始和中间部分，运动员没有必要在其他的拉长–缩短周期训练中遵守这个准则。

在我们更多最新的研究（Radcliffe & Osternig, 1995）中，我们发现，在深蹲能力和跳深能力之间，存在一些关联性。但是，这个关联性并不是很重要。任何关于负重深蹲总量决定跳跃能力的预测都是微不足道的。

制定有效计划

拉长–缩短周期训练的种类变化没有限制。不论是运动员还是教练，只要拥有想象力与好奇心，辅助以神经肌肉过程的基本知识，便可以创造出无数种练习方式。但是，明确每项运动技能的动作模式和针对每项运动技能设计具体的快速伸缩复合训练是不切实际且没有必要的。事实上，只有少部分爆发力动作在运动中是关键。第5~7章介绍了大量有关这些爆发力动作的训练。这些训练可以很好地满足所有训练需求，我们的解释和示范还可以使读者增加一些关于运动的见解。

刚开始时，训练组成只是一些简单的基本训练，然后逐渐过渡到比较复杂和难度较高的训练。随着运动员在力量和运动表现方面的提高，他们可以进行更高难度的训练。教练和运动员都应当使用我们所提及的器材来明确运动员自身是否适合执行复合训练。为了安全及最佳的训练渐进，应该使用恰当的计划及评估，以便提高运动员的运动表现水平。

第5~7章的训练是按照循序渐进的方式进行的。在逐步练习这些运动时，教练和运动员必须以流程、提示和运动表现作为指导。

训练动作和方法

运动中会出现各种不同的动作和行为顺序。有些运动非常简单且包含少数已学技能，而另一些运动则非常复杂。在拉长–缩短周期训练中，包含大量从简到繁的训练。可以根据运动表现目标决定采用哪种训练。

作为教练和参与者，我们会不断地尝试使用恰当的术语来描述训练类型。我们已经引进了几个系统，以便将快速伸缩复合训练根据功能解剖、运动动作关系及竞技比赛来将它们分类。

在本章和第5章中，我们还根据所涉及的肌肉组织以及其与特定运动动作之间的关系对训练进行了分类。我们还检查了动作中所使用的主要肌肉群，以及多项运动的生物力学基础，同时我们还介绍了一些训练的基本原理，以及这些训练各自的术语，以便循序渐进地培养更强的爆发力。

目标肌肉群

本章以及接下来3章的训练都是根据压力持续统一体上的三个身体部位进行组织的：上肢（胸部、肩部、肩胛带和手臂）；躯干（中间部分）；下肢（腿部和髋关节）。虽然在这里我们将它们区别开，但是这些范畴是一个功能性整体；它们就是我们常说的运动链的组成部分。

动作和爆发力链

大多数运动动作都源自髋关节和腿部。这应用于跑步、投掷和跳跃动作——腿部动作是它们的最终目标，或是更复杂动作的组成部分。例如，在屈曲、伸展、扭转和弯曲动作中，髋关节和腿部动作的能量往往会从身体中间部分向上传输。上肢最后会接收能量并执行涉及肩部、胸部和手臂的某种类型的技能动作。所以动作发展的叠加概念都是同步的。运动员越能更好地协调肢体与身体核心，就越能变得更强壮、更快、更敏捷及更有爆发力。在本书中，我们从始至终都强调在每个训练和渐进顺序中同步练习动作技能的重要性。

我们将基本的腿部和髋关节训练分成双腿跳、交换跳、垫步跳、跨越跳。在每个分类中，我们都在持续统一体上按照较低强度到适中强度、较高强度和冲击强度来介绍各种训练。表4.2概括了腿部和髋关节的基本训练。每一个训练都描述了训练目的、起始姿态和动作顺序。

表4.2 快速伸缩复合训练持续性统一体测量范围

较低	适中	较高	冲击
上半身（抛投、传递和投掷）			
药球胸前传球	胸前推球		
推墙俯卧撑	凳子推起俯卧撑	落地俯卧撑	
仰卧起坐抛球	摆臂		
铲式抛球	勺式抛球	多次跳跃＋下投抛球	
仰卧单臂过顶抛球	跪姿双臂过顶抛球	跨步双臂过顶抛球	
仰卧双臂过顶抛球	站姿双手过顶抛球		接球和过顶抛球
	推负重袋	多次跳跃＋过顶抛球	
	击打负重袋		
实力举	挺举（半蹲挺）	挺举（分腿挺）	
核心（扭转、摆动和甩动）			
药球上下传递	腿部抛投	垂直摆动	
药球转体90°	杠铃扭转	水平摆动	
药球转体90°			扭转抛投
前倾、拉和推	杠上打挺	鲤鱼打挺	

（续表）

较低	适中	较高	冲击
腿部和髋关节（双脚跳、交换跳、蹦跳、跨越跳）			
原地跳	双腿踢臀跳	双剪式跳跃	跳深训练
深蹲跳	抱膝跳	蹬腿跳	箱式跳跃（多重反应）
箱式跳跃	分腿跳	交替蹬腿跳	高度跳远
火箭式跳跃	剪式跳跃	快速跳远	跳深跳远
星式跳跃			
垫步高抬腿	单腿台阶交换跳	侧向交换跳	
单侧高抬腿	双腿上斜坡交换跳		对角线交换跳
快速垫步跳	台阶侧向交换跳	箱式垫步跳	
踝关节垫步跳	台阶侧向交换跳		箱式交换跳
侧向交换跳（单一反应）		交换跳	
快速双腿跨越跳			
渐进式双腿跨越跳	对角线跨越跳	侧向单腿跨越跳	
快速双腿跨越跳	单腿提膝跳		下斜坡跨越跳
上升高度跨越跳	渐进式单腿跨越跳		
侧向跨越跳	快速单腿跨越跳		
侧向跨越跳+冲刺		对角线单腿跨越跳	
上斜坡弹跳			

持续性训练评估

在开始任何训练之前，必须测试所有参与者的姿态、平衡性、稳定性和柔韧性。这个评估阐述了在持续性统一体上计划渐进式训练水平的内容。

以下爆发力评估对于所有拉长-缩短周期训练动作（例如，举重、快速伸缩复合训练、速度和敏捷性动作）都很有帮助：

- 过顶深蹲
- 垂直纵跳摸高
- 跳深摸高
- 足部在后侧的单腿蹲
- 单腿原地跳
- 单腿踢臀跳
- 重复10次弹跳
- 药球胸前传球

- 药球向前过顶抛球

- 药球向后过顶抛球

- 跳跃十项全能

如果运动员对任何领域的进展过程感到困惑，那么运动员应当回到之前的训练级别上，或者必须保持目前的级别，直到其能力达到标准。接着，运动员可以继续后面的练习。规范的数据和排名进步情况也可以用来分析测试成绩与个性化训练项目。在某些训练的开始阶段进行测试，然后在训练结束阶段重新测试，这样就可以了解训练的强度和训练量是否正确，会不会太低或者过高。通过与运动员协商和评估运动量的强度和总量，教练和训练员可以系统地检测运动员的进展情况，同时确定调整训练的基础。正如我们在本书中所提到的，经常记录和分享常规资料的教练们可以共同制定更好的训练方法。

▶ 过顶深蹲

双手紧握一根轻杠铃杆、木棒或扫帚柄，保持手肘宽间距，同时锁定手肘。在头部上方握住杠铃杆，手臂略微向后越过耳朵（如图a所示）。双脚脚跟位于臀部正下方，同时脚趾稍微向外张开。尽可能低地向下深蹲，脚跟与地面保持接触，将杠铃杆（手肘姿势）在头上锁定（如图b所示）。这个训练可以评估和发展姿态、平衡性，以及踝关节、髋关节和肩关节的灵活性。

如果杠铃杆没有保持在足部以上的位置，那么肩部可能灵活性不够。如果髋关节无法下蹲到膝盖水平，那么髋关节也可能灵活性不够。如果脚跟无法与地面保持接触，那么踝关节的灵活性也是个问题。

▶ 垂直纵跳摸高

足部完全着地靠近墙、竖杆或测量设备站立（如图 a 所示）。用指尖向上触碰并尽可能地标记最高处。汇聚身体所有的力量，通过髋、膝和踝关节屈曲的方式执行短促的原地纵跳（如图 b 所示），然后快速地展开身体，用手臂去触碰（如图 c 所示）。在跳跃到最高点时，尽可能使用手指尖在最高的位置留下记号。站立－伸手标记与跳跃－伸手标记之间的距离就是记录的得分。

取 3 次、4 次或 5 次尝试中最好的成绩。在执行跳跃中，不应在起跳前通过小碎步或踏步等方式移动双脚。教练通常允许运动员进行一步甚至几步的助跑。只要纵向跳跃测试的成绩保持有效，那么这个测试可以用来评估特定的跳跃参数（例如，排球中的助跑跳跃或者速度和爆发式跳跃）。这个测试可以确定重心上升的高度。持续绘制这些结果，就可以为缺少的训练形式提供一些参考（例如，速度和弹性反应，以及核心或相对力量）。

跳深摸高

　　这个训练会借助不同高度的箱子或楼梯设备。运动员从12~42英寸（30~107厘米）的高度跳到草地或有弹性的牢固垫子上（如图a和图b所示）。在着地后立刻向上跳跃，以便触碰或超越纵向跳跃测试时在墙上留下的标记（如图c和图d所示）。不断地移动到更高的下落点直到运动员无法达到相同的纵向跳跃高度。在每次尝试时有1~2分钟休息的时间，好让肌肉系统得到恢复。

　　这个测试可以让运动员很好地了解弹性反应能力，而且它还是一个流行的检测高风险动作和着地模式的标准规范。当达到纵向跳跃（回弹）最高点时，跳深训练或落地跳就接近这种快速伸缩复合训练类型的训练高度。柯斯特洛（1984）的实践工作成果显示，当从18英寸（约46厘米）高度的箱子向下跳跃时，能力相对较弱的运动员会比他们在纵向跳跃时所标记的高度少几英寸（1英寸约为3厘米），而能力相对较强的运动员从相同的高度往下跳时可以达到或超过他们在纵向跳跃时所标记的高度。

　　研究建议，下落的高度不要超过24英寸（约60厘米）。我们的研究显示，按照第3章所介绍的，进一步降低下落高度可能更合适（如20~60厘米）。本章以及其他研究建议，最好的训练效果可能是通过中等，而非较大的高度中的预拉伸动作实现的（Radcliffe & Osternig, 1995）。

　　詹姆斯·奥纳特制定的落地错误得分系统（LESS）和其他针对ACL损伤预防（Hewitt et al., 2005, 2006）的跳跃渐进式研究，基本上将跳深整合成了在30厘米高箱子上的垂直和水平动作。LESS得分仅仅是在一系列人体运动中发生的落地技巧错误的计数（Padua et al., 2009）。LESS被作为确定高风险落地任务的一种有效和可靠工具。虽然它可能无法预测运动员的ACL受伤情况，但是它可以作为筛选工具来确定需要时间更长、更简单的渐进式训练方法的运动员。

▶ 足部在后侧的单腿蹲

膝关节屈曲，将一只脚向后提起（如图a所示）。保持这只脚不要接触地面，弯曲站立腿，降低髋关节，下蹲到屈曲膝盖接近地面的位置（如图b所示）。站立脚必须保持完全接触地面。另一条腿重复相同的测试，比较两边的动作。

这种训练通过展现肩部如何在站立腿的位置保持不动以及深蹲膝关节如何与脚趾保持成一条直线的方式来评估姿势。也可以通过展现髋关节是否向下旋转以便膝关节接触地面的方式来评估髋关节的灵活性。

▶ 单腿原地跳

　　站直，从地面提起一条腿，直到膝关节超过髋关节位置。脚跟位于大腿中点下方，脚趾向上提起到膝关节位置（如图a所示），完成一个纵向跳跃动作（如图b~图d所示），足部完全着地（如图e所示）。另一条腿重复相同的测试，比较两边的动作。

　　这个测试可以展现运动员是否在没有改变姿势的情况下提腿离地（可以通过放下摆动膝进行评估）。同时，该测试还展示了运动员是否能够在保持站立、关节稳定和平衡的情况下落地。

▶ 单腿站立提膝跳

站直，将一条腿从地面提起，直到膝关节超过髋关节位置，脚跟在大腿中点下方，脚趾向上提起到膝关节位置（如图a所示）。进行纵向跳跃，在跳到空中时，站立腿提到与屈曲腿相匹配的位置（如图b~图f所示）。然后将站立腿放回原来的姿势，保持平衡，并站稳。另一条腿重复相同的测试，比较两边的动作。

这个测试可以评估运动员是否能够在保持姿态不变的情况下从地面跳起（可以通过放下摆动膝来评估）。该测试还可以评估运动员在落地时，是否出现站姿变化、失去平衡和稳定的情况。同时，它还可以评估运动员是否能够在保持姿态不变的情况下进行多次（3~5次）重复训练。

重复10次弹跳

使用压力垫或地面接触测试设备。以双膝稍微屈曲姿势站立，手肘放在后面。在起跳时，用力将拇指朝上，伸展双腿以便尽可能高地将髋关节摆向空中（如图a和图b所示）。踝关节必须锁定足部，脚趾朝前，保持踝关节在正中的姿势。踝关节像弹簧一样蓄力，在落地之前已经做好快速、有力、屈曲足底的跳跃准备。在这个跳跃过程中，保持这个锁定姿势不变，确保前半部分的足部可以稳定着地，并快速、充满弹性地起跳，同时完成特定次数（一般是7~10次）的最大高度和最少接触时间的反弹跳跃。这个评估展示了踝关节蓄力的能力、力量的产生，滞空时间和接触的总时间。

药球胸前传球

　　站直，双脚的脚趾在起跳线后面。起跳线是指放在起点位置上的测量带条。双手握住重量为7磅（约3千克）、9磅（约4千克）或11磅（约5千克）的药球，拇指朝上，手肘向下并向后，尽可能用力完成胸前传球动作（如图a和图b所示）。传球时，向上和向前摆动髋关节，推动身体向前并超过起跳线（如图c所示）。

　　通过起跳线与球落地点的距离，可以确定训练用球的重量。如果传球距离小于30英尺（约9米），则意味着必须使用较轻的药球进行训练。可以根据运动员的爆发力来评估药球适当的重量——太重的球会降低球的速度；太轻的球会让人对爆发力输出产生错觉。在测试之前和之后使用大小恰当的球，以便对能力水平提高做出最好的评估。

药球向前过头投掷

　　双脚平行站立，双脚脚趾在一条水平线上，双手将球举过头，并稍稍靠后（如图a所示）。双膝屈曲超过脚趾，向后弓身握球（如图b所示）。接着，向前伸展身体，摆动髋关节、肩关节、手肘和手腕，将球向前推出时，双脚离地（如图c~图e所示）。

　　记录距离并将所有成绩排名。根据运动员的爆发力，评估球的恰当重量——太重的球会降低速度；太轻的球会造成爆发力输出错觉。在测试之前和之后使用适当重量的球，以便对能力水平提高做出最好的评估。

药球向后过头投掷

双脚平行站立，双脚脚趾在一条水平线上，双手持球，将球放于髋关节下方。双膝屈曲超过脚趾，尽可能向前拱起双肩，放低球（如图a所示）。接着，向后伸展身体，摆动髋关节、肩关节、手肘和手腕，将球和身体向后推出时，双脚离地（如图b和图c所示）。

记录距离并将所有成绩排名。根据运动员的爆发力，评估球的恰当重量——太重的球会降低速度；太轻的球会造成爆发力输出错觉。在测试之前和之后使用适当重量的球，以便对能力水平提高做出最好的评估。

跳跃十项全能

跳跃十项全能是一种确定需要多少特定训练或者哪些地方需要进行特定训练的方式。这种训练课程对于进行高强度爆发力训练的运动员非常有用（Paish, 1968）。

跳跃十项全能训练

这个十项全能训练选择了10种跳跃方式，因为它们能够以一种有效且可信的方式评估弹性反应能力的提高水平。它们可以指出运动员所缺乏的能力领域，其中包括速度、力量或敏捷性和协调性。通过这种训练方式，运动员可以弥补这些方面的缺点。通过安排这些起跳、滞空和落地训练，可以加强练习、增加乐趣并且为测试渐进式能力提供了标准化方法。下面列举的这些练习并没有依据任何特定顺序。

○ 立定跳远

练习立定跳远时，双脚并拢，用手臂协助起跳。在双脚向前和向下落地之前，身躯做出快速向上和向外反向运动以便达到最大的髋关节距离。测量最近的落地点。

○ 立定三级跳

在练习立定三级跳时，起跳脚与地面接触，而没有接触地面的腿可以自主摆动。这个规则也可以应用到其他跨越和踏步组合训练中。起跳脚同样为着地脚（跨越跳）；脚着地之后立刻起跳转换到另一只脚（踏步）。最后，运动员立刻向外起跳和向前双脚着地（双腿跳）。

○ 2次跨越跳，踏步和双腿跳

单腿起跳并落地（跨越跳），接着起跳脚继续起跳并落地（第2次跨越跳）。在第2次跨越跳后，换另一只脚起跳并落地（踏步）。最后，运动员立刻向前起跳并双脚落地（双腿跳）。

○ 2次跨越跳，2次踏步和双腿跳

单腿起跳并落地（跨越跳），接着起跳脚继续起跳并落地（第2次跨越跳），换另一只脚起跳并落地（第1次踏步）。接着运动员立刻更换起跳腿（第2次踏步），最后向前起跳并双脚落地（双腿跳）。

○ 2次跨越跳，2次踏步和2次双腿跳

单腿起跳并落地（跨越跳），接着起跳脚继续起跳并落地（第2次跨越跳），换另一只脚起跳并落地（第1次踏步）。接着运动员立刻更换起跳腿（第2次踏步），向前起跳并双脚落地（第1次双腿跳），最后，立刻向前再次双脚起跳（第2次双腿跳）。

○ 5次弹跳

这个练习包含了5次连续的双腿弹跳，保持双脚并拢，以及动作连贯。

○ 4次立定跨越跳和双腿跳

这个训练的起始动作像是立定三级跳，用一只脚起跳并落地，完成4次连续的跨越跳，以双脚落地并再次双腿跳。

○ 4次助跑跨越跳和双腿跳

在这个训练中，跑动的距离并没有限制。在跑动开始之后，单腿起跳并落地，完成4次连续的跨越跳，以双脚落地并再次双腿跳。

○ 惯用腿25码（约23米）距离跨越跳

25码（约23米）距离跨越跳是以站立姿势开始训练的。在大多数跨越跳测评中，采用的都是惯用腿的数据。尽管如此，你也应该一同测试两条腿并采用它们的平均值。单腿起跳，在25码（约23米）的距离内尽可能跳得更高更远（腿部循环运动）。

○ 5次跨步跳远

5次跨步跳远，采用常规的跳跃形式，除了跑动仅限于5次跨步，在一次训练中允许2次或3次的成功尝试，在5次跨步的最后一步，用惯用腿起跳以便达到最大高度和距离，并且双脚落地。

跳跃十项全能的结果

表4.3（Watts，1968）列出了优秀的跳跃运动员和能力较低的运动员跳跃十项全能的标准成绩。在大多数情况下，最高分都是职业跳跃运动员在18世纪后期的赛事中创造的纪录。5次跨步跳远的平均数采用了专项运动员在测试中的成绩。这个表不是用来比较哪个跳跃训练效果更好，主要是给在进行跳跃训练的运动员一点小小的竞争意识。

表4.3 跳跃十项全能标准

	最高得分	最低得分
立定跳远	12'3"	2'0"
立定三级跳	34'6"	9'6"
2次跨越跳，踏步和双腿跳	42'8"	12'4"
2次跨越跳，2次踏步和双腿跳	51'0"	17'8"
2次跨越跳，2次踏步和两次双腿跳	62'10"	22'0"
5次弹跳	56'0"	20'0"
4次立定跨越跳和双腿跳	58'0"	19'0"
4次助跑跨越跳和双腿跳	78'0"	25'6"
惯用腿25码（约23米）距离跨越跳	2.5s	8.8s
5次跨步跳远	23'11"	7'0"

（注：12'3"即12英尺3英寸，1英尺约为0.3米，1英寸约为2.5厘米。）

　　类似于奥运会田径赛的十项全能或七项全能，运动的成绩可以用分数进行评估。100分意味着运动员达到非常好的比赛水平，5分意味着在那项运动中表现很糟糕。当在休赛期使用十项全能系统训练时，运动员必须在休赛期的早期进行几个更加适用的测试，在训练期结束时，再重新测试。这样做的主要目标是让运动员获得更高的整体得分和个人排位。

技能全项——一种评估方式

　　技能全项是一系列测试。它是一种可以确定需要多少特定训练以及哪些领域需要哪种特定训练的方法。根据研究和训练实践，以下测试方式被选中，因为它们能够以有效且可信的方式评估弹性反应能力的提高水平，同时它们还可以指出运动员在哪些领域缺乏速度、力量或敏捷性和协调性，让运动员能够致力于这些方面的提高。

- 立定跳远和落地跳测试
- 纵向跳跃
- 跳深
- 跳跃十项全能
- 投掷和传球测试
- 药球胸前传球
- 药球向前过头投掷
- 药球向后过头投掷

　　在某种程度上，在渐进式（和发展）训练中我们会从发展阶段过渡到巩固阶段。巩固爆发力并不是中止发展过程。相反，这是一种从过渡阶段到全面掌握的精英级方法，是应用于运动员、动作、运动和体育中的高特定性爆发力。

　　为了实现特定的运动目标，我们必须确定需要做多少拉长-缩短周期训练以及在何处应用训练。接着，我们可以在运动员接受的具体训练中分析运动员的运动表现，以便决定是否继续采用相同的强度进行训练，增加总量，降低强度，或者出于竞技原因考虑终止训练。这些评估和十项全能表可以作为将运动员发展成为精英水平的主要参考。

　　最佳爆发力发展计划的要素包括评估恰当的出发点，接着循序渐进地让运动员接受从开始阶段过渡到中间阶段、高级阶段和精英阶段的运动表现训练。想要在这个训练系统中获得成功，便需要明确自己的目标，了解如何进步。

第 2 部分

快速伸缩复合练习

第5章

上半身爆发力发展

快速伸缩复合训练是一种协调使用全身爆发力的运动。这些有力动作在贯穿躯干中心时会利用到上半身，其中包括抛投、传递和投掷动作。同时，这些动作的子分类也包括在内：摆动、推动、出拳和击球。

抛投和传递

抛投和传递是涉及上半身躯干和四肢的投射动作。这些动作在头部下方或前方（或者两者）发生。从功能解剖学的角度讲，抛球与摆动和扭转（以及两者的混合）是一致的。根据我们的定义，抛投是在躯干的垂直或水平方向发生的动作。在这个动作中，手臂举起的高度不超过头部。因此，在做这个动作时，手要保持在头部下方（例如，向前、向后或侧面）或者前方（例如，朝上）。抛投经常被认为和投掷很相似，如橄榄球中的前传球。但是，在我们的定义中，传送是从接近身体到向外推开的动作（例如，篮球胸前传球）。

投掷

投掷是一种上半身投射动作。在这个动作中，手臂在头部上方，或者穿过头部上方。相对于其他动作，投掷会产生更多的击发和鞭打效果。这个动作经常要求从头部的一侧开始，随着抛球动作的结束经过头部投出，以便达到最大的水平距离。

在很多运动中，我们可以看到髋关节和腿部的力量从身体中间部分过渡到胸部、肩部、背部和手臂。因此，投、接、推、拉和摆等动作都是基本的上半身运动。猛冲、投掷、击打、拉动和摆动等动作都涉及上半身肌肉群。相对的手臂运动幅度将以上动作区分开来。在功能解剖学中，这些动作是类似的，同时还综合了手臂屈曲、伸展和外展，手臂支撑和整个肩胛带的屈曲和伸展。

成功的投掷取决于能否将力量通过着地脚、髋关节，穿过身体重心，接着向上到达投掷的手臂完成传递和整合。如果无法成功地协调髋关节的蓄力和爆发动作，可能会造成很多问题，糟糕的投掷表现算是比较好的了。以上结论可以应用于任何涉及上半身运动的练习。

许多涉及上半身的动作在执行时并非快速伸缩复合训练动作，但是它们都可以作为渐进式快速伸缩复合训练的铺垫动作。这些训练可以增强身体的协调性和同步性，让上半身可以在执行传、投、扔、抛、推等动作时达到最佳水平。在没有达到同步性，或者在没有肌间方面参与的情况下使用上半身，会为训练结果埋下隐患，容易导致失败。

遵循着同步性理念，我们引进了上半身推举的动态形式，也被称为奥林匹克推举渐进方式。以反向运动方式推举和抓住杠铃可以为整体爆发力提高发展力量与速度。渐进式训练增加了这些练习，以便为上半身提供真正的弹性反应训练。

上半身爆发力练习

以下的渐进式药球训练对于利用站姿、起跑器或平台提高爆发力的运动员非常有用（例如，在美式橄榄球、田径和跳水运动中）。这些训练从强调髋关节和肩关节伸展与技巧开始，接着会整合步法和反应动作。

1

药球胸前传球

简介

使用7~15磅（3~7千克）药球，对着墙练习。这个动作特别针对篮球胸前传球，但也有益于摔跤、美式橄榄球和铅球。

起始姿态

面对墙壁呈跪姿、坐姿或者站姿（如图a所示）。双手稍微位于球后方，屈曲双肘，将球放到胸部位置。

动作顺序

将球快速向外推出，伸展手臂直到双臂完全张开（如图b所示）。在球回弹后重复动作。

变化形式

与搭档一起，而不是使用墙壁进行训练（如图c所示）。

2

胸前推球

简介

　　这是一个药球胸前传球的渐进式变化训练。它强调使用肩部和髋关节的伸展来推动，而不是手肘向外的肱三头肌动作。

起始姿态

　　从跪姿开始，挺胸，髋关节向后抬高。双手握住球靠后方位置。肩部往前，手肘靠近身体，将球放到胸部下方（如图a所示）。

动作顺序

　　像扔平直球一样，通过髋关节向前侧、外侧爆发向前推球，将球推得越远越好（如图b所示）。正确的姿势是恰当推球和释放的关键。完全伸展手臂可以增强动作的执行，同时可以在最佳的时间以俯卧撑姿势着地（如图c所示）。

　　对于多重反应胸前推球，通过髋关节向前侧、外侧爆发执行传球，就像练习平直球一样将球尽可能远地推出。接下来，搭档或墙壁会以跳跃传球或反弹的方式将球传回来。在完成相同姿势，推球、伸展和跟进球的动作之后，可以立刻重新开始传球的姿势。搭档必须用力将球回传到运动员的胸部。双手抓住球，双肘屈曲，保持球与胸部、肩部的距离，接着髋关节和躯干向前爆发用力。

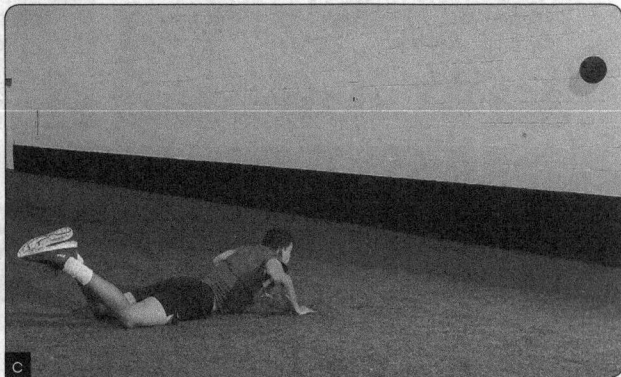

3

仰卧起坐抛球

简介

在这个训练中，将重量为7~15磅（3~7千克）的药球抛向搭档或墙壁。这个训练可以直接强调上半身的屈曲能力，而且可以应用到所有的体育运动当中。

起始姿态

面对搭档或墙壁坐在地板上，双脚交叉锁定，保持稳定性，将球握紧并放在头顶（如图a所示）。

动作顺序

双手举过头，将球抛出（如图b所示）。在球回弹时接住球，冲力会迫使身躯向后摆动以便吸收冲击（如图c所示）。使用腹肌对抗这个向后的动作，接着重新抛球。集中注意力，使用躯干肌肉推球，而不是手臂和肩部。目的是将球抛到搭档头部上方的点上，这样的抛球弧线会更长一些，从而产生更强的冲力。保持双臂在头顶张开，背部不要触碰到地面。

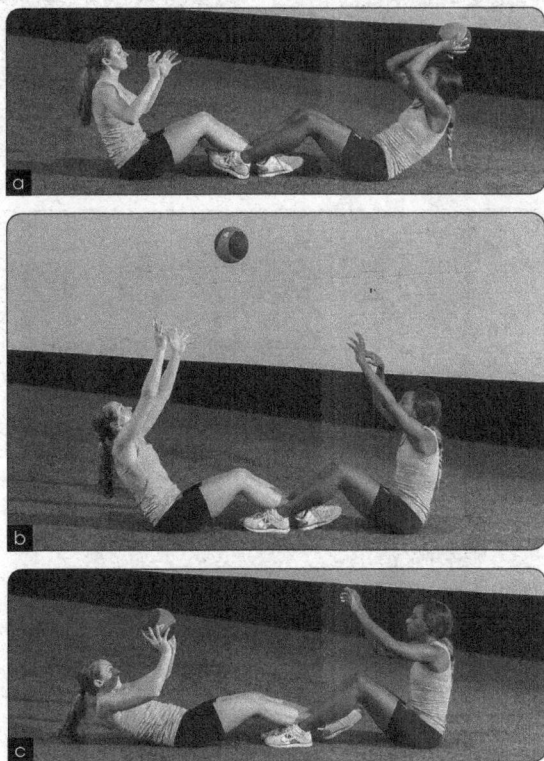

4

仰卧单臂过顶抛球

简介

对于很多动作，使用药球提高整体爆发力是很有帮助的，其中一个动作就是棒球、垒球、美式橄榄球、足球和标枪的过顶投掷动作。

起始姿态

平躺在地面或桌子上，双脚放平，膝关节向上。一只手握住一个较小的药球（1.5~3千克）并投掷（如图a所示）。

动作顺序

保持躯干放松，投掷手伸长，像扔平直球一样将球向搭档或墙壁抛出（如图b和图c所示）。保持背部和头部放松，在手肘没有出现屈曲的情况下，使用肩关节开始动作。

5

仰卧双臂过顶抛球

简介

对于许多动作，使用药球提高整体爆发力是很有用的，其中一个动作就是棒球、垒球、美式橄榄球、足球和标枪的过顶投掷动作。

起始姿态

一开始，平躺在地面或桌子上，双脚放平，膝关节向上。双手握住一个较大的药球（2.5~4千克）（如图a所示）。

动作顺序

使用投掷动作的冲力以及向预期方向的胸部爆发力完成仰卧起坐，以便执行传球动作（如图b和图c所示）。伸长双臂和放松手肘，使用肩关节完成动作。使用胸部引导动作，然后腕关节屈曲跟进。

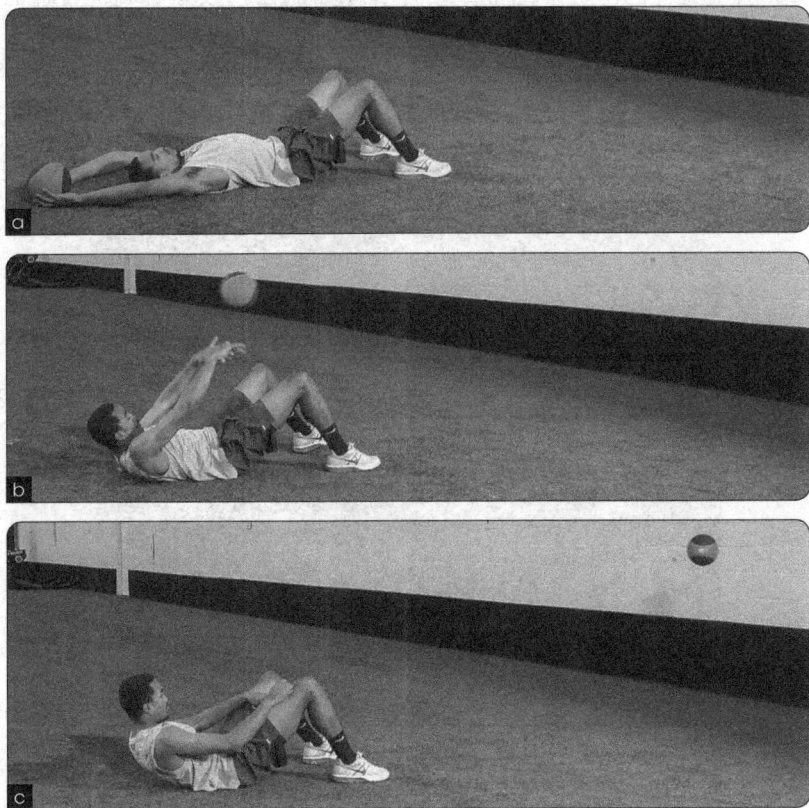

6

跪姿双臂过顶抛球

简介

对于许多动作，使用药球提高整体爆发力是很有用的，其中一个动作就是棒球、垒球、美式橄榄球、足球和标枪的过顶投掷动作。

起始姿态

放松踝关节，脚趾向后，呈跪姿。双手放在头部后面，握住一个较大的药球（2.5~4千克）（如图a所示）。

动作顺序

强调髋关节带动和跟进动作。一开始是髋关节向前推传球，然后是上半身躯干摆动，腕关节跟进完成屈曲动作（如图b和图c所示）。放松手臂，手肘稍微屈曲。胸部引导，肩关节、肘关节和腕关节跟进。这是一个关于髋关节的摆动动作。在抛球的过程中，双手不可以触碰地面。

7

站姿双臂过顶抛球

简介

对于许多动作，使用药球提高整体爆发力是很有用的，其中一个动作就是棒球、垒球、美式橄榄球、足球和标枪的过顶投掷动作。

起始姿态

双脚稍分开站立，保持重心平衡。双手放在头顶，握住一个较大的药球（2.5~4千克）（如图a所示）。

动作顺序

以类似于跪姿双臂过顶抛球的方式执行传球。一开始，双膝屈曲，髋关节向前推，躯干摆动，接着身体在空中以跟进动作完成抛球（如图b~图d所示）。这是一个关于髋关节的摆动作。双脚必须在接近于离开的位置的地方着地。

8

跨步双臂过顶抛球

简介

对于许多动作，使用药球提高整体爆发力是很有用的，其中一个动作就是棒球、垒球、美式橄榄球、足球和标枪的过顶投掷动作。

起始姿态

双脚稍分开站立，保持重心平衡。双手放在头顶，握住一个较大的药球（2.5~4千克）（如图a所示）。

动作顺序

在过顶抛球时迈步（如图b~图d所示）。前脚向投掷方向迈步，在跟进腿和后脚推动身体时，猛推髋关节，摆动身躯。

变化形式

在执行这个动作时，你不仅可以面向前方，也可以向侧方迈步，扭动臀部猛推并使用跨步技巧（如图e和图f所示）。

9

接球和过顶抛球

简介

这个训练代表着针对上半身的经典拉长-缩短或快速伸缩复合训练，因为在投掷形式中接球的反射反应能够符合弹性反应训练所有原则。

起始姿态

从任何直立姿势开始过顶渐进投掷（图a展示了一个从膝关节开始的训练例子）。

动作顺序

在抛出球之前或者接住回弹的球之后，可以立刻按照过顶抛球渐进训练方式练习过顶抛球（如图b和图c所示）。重要的一点是，训练者必须以相同的生物力学姿势接住抛出来的球，从而达到安全、有效的最佳训练效果。

10

摆臂

简介

在这个练习中，可以使用重量为10~40磅（5~20千克）的哑铃或者类似的负重手柄进行肩部和手臂的肌肉训练，同时模仿越野滑雪的交替手臂动作。

起始姿态

双手紧握哑铃，双脚打开至舒服的间距，双臂放在身体两侧（如图a所示）。头部保持直立，肩部稍微向前倾斜。

动作顺序

一只手臂向头顶上方摆动，同时另一只手臂向身体后方摆动（如图b所示）。在每只手臂伸展到最大程度时，通过反方向运动来抑制冲力。按照这种交换顺序持续练习20~30次摆臂动作。可以双臂半屈曲握住哑铃来进行变式练习。

11

▶ 推负重袋

简介

在这个训练中需要将很重的拳击袋悬挂在绳子或缆绳上。当袋子旋转和伸展时，考验躯干和肢体的协调性。这个训练非常适合铁饼投掷运动员、推铅球运动员、美式橄榄球前锋和篮球运动员练习。

起始姿态

面对拳击袋双腿半分开站立，靠近拳击袋的脚在后面（相反的站姿对于一些运动定位也很有帮助）。对着拳击袋的手放置在接近胸部的高度，手指向上；手肘保持贴近身体，屈曲手臂（如图a所示）。

动作顺序

保持双脚静止不动，主要使用躯干，尽可能快地将拳击袋推开。完全伸展手臂和肩部（如图b所示）。张开手，抓住回弹的袋子。使用躯干、手臂和肩部肌肉缓解冲力。在袋子恢复到起始位置时，将袋子再次往前推。在整个训练中，专注保持相同的身体姿势。换边，重复训练，强调快速和爆发力。

12

▶ 击打负重袋

简介

在这个训练中需要将很重的拳击袋悬挂在绳子或缆绳上，然后模拟网球击球的动作。这个动作可以应用到棒球、铁饼和美式橄榄球训练中。

起始姿态

在负重袋旁边呈直立站姿。双脚分开，间距稍微大于肩宽。伸展手臂，前臂放在袋子的一边，高度与胸部持平。

动作顺序

以扭转腰部开始，保持手臂伸展，使用前臂推袋子（图a~图c展示了前臂的动作，图d~图f展示了反手的动作）。继续动作，直到袋子离开身体。在袋子返回时，使用一开始的手臂动作接住袋子。使用一开始推袋子的肌肉群来抑制袋子的冲力，接着朝相反方向爆发式地重复施力。记住跟进动作，并在每次推袋子时转动腰部。

13

▶ 推墙俯卧撑

简介

一个高冲力推力训练的准备动作，要求使用最小的推动角度且把握好节奏。

起始姿态

离墙一大步的位置呈站姿。

动作顺序

手肘半屈曲，身体倾斜，靠着墙，拇指向内，手指向上（如图a所示）。手臂与墙壁接触并在最少的时间里完成最大程度的伸展。通过伸展，躯干会被推回到起始位置或者更远的位置（如图b所示）。

14

凳子推起俯卧撑

简介

一个高冲力推力训练的准备动作，使用最小的推动角度和时间。

动作顺序

在坚固、安全的凳子或平台旁边呈站姿或跪姿（如图a所示）。手肘半屈曲，身体倾斜，靠在平台上，拇指向内，手指向上（如图b所示）。手臂与凳子接触，并在最少的时间里完成最大程度的伸展。通过伸展，躯干会被推回到起始位置或者更远的位置（如图c和图d所示）。

15

▶ 落地俯卧撑

简介

这个训练涉及在上半身推动训练中最真实的反射反应感觉以及弹性反应训练的指导原则。

起始姿态

俯卧姿势同时保持身躯直立，在分开且有高度的平台（例如箱子、积木、长椅）上伸展双臂（如图a所示）。

动作顺序

为了正确地进行进阶练习，从平台上落下，落地时严格保持正确的姿势，并通过肩部和手肘减缓落地过程的冲力（如图b所示）。下一个进阶是，完成2~4组从平台到地面的落地动作，在着地之前，执行1次完全伸展的俯卧撑动作。接下来的进阶是，落地后通过爆发式俯卧撑推起整个身体，使躯干和手臂完全离地。最后的进阶是，落地后通过爆发式推起动作将身躯和手臂推回到平台上，重复这个动作4~8次。

16

实力举

简介

这个训练可以增强躯干的力量，同时发展强有力的推举技术。

起始姿态

一开始，将杠铃受力均匀地放置在肩部的后方（如图a所示），以手掌前旋方式抓握杠铃（手掌朝前，拇指绕过杠铃，指向与其他手指相反）。前臂应当与杠铃垂直，以保持正确的抓握宽度。一旦熟悉了这个训练方式，就可以在肩部的前面使用杠铃进行相同的训练。在这个训练中，手肘必须稍微在杠铃的前方。

动作顺序

双腿用力推，肩部和手臂按压。双膝微屈，髋关节下移，下沉杠铃（如图b所示）。必须直接向下下沉和向上推举杠铃，将杠铃从肩部向上推举。在双腿将要完全伸展的情况下，可以用力地将杠铃推到手臂锁定的位置（如图c所示）。在推举阶段，脚跟可以离地但是脚趾不可以离地，以便完成推举训练。

17

挺举（半蹲挺）

简介

这个训练可以增强躯干的力量，同时在训练推举技巧时更多地发展了反应速度，可以应用到跳跃、推球和投掷运动中。

起始姿态

一开始，将杠铃受力均匀地放置在肩部的后方，以手掌前旋方式抓握杠铃（手掌朝前，拇指绕过杠铃，指向与其他手指相反）（如图a所示）。前臂应当与杠铃垂直，以保持正确的抓握宽度。一旦熟悉了这个训练方式，就可以在肩部的前面使用杠铃练习相同的训练。在这个训练中，手肘必须稍微在杠铃的前方。

动作顺序

双腿用力推，杠铃在头顶挺举（如图b~图e所示）。除了杠铃加速上推时双脚会离地之外，起始执行动作与实力举一样。双腿和髋关节加速将杠铃往上推。身体在杠铃下方呈现屈曲姿势。移动双脚，落地支撑时保持屈膝，同时足底与地面完全接触。双臂在耳朵上方锁定。蹲起保持杠铃在头顶上方，同时保持重心稳定。

18

挺举（分腿挺）

简介

这个训练可以增强躯干的力量，同时提高足部和腿部的推举速度。可以在跳跃、推球和投掷运动中使用这个训练。

起始姿态

一开始，将杠铃受力均匀地放置在肩部的后方，以手掌前旋方式抓握杠铃（手掌朝前，拇指绕过杠铃，与手指形成相反方向）。前臂必须与杠铃垂直，以保持正确的抓握宽度。一旦熟悉了这个训练方式，就可以在肩部的前面使用杠铃进行相同的训练。在这个训练中，手肘必须稍微在杠铃的前方（如图a所示）。

动作顺序

双腿前后分开，使用双腿蹬伸和跳跃，身体位于杠铃下方（如图b所示）。除了双腿着地时要分开和身体在杠铃下方呈锁定姿势以外（如图c和图d所示），这个动作与挺举一样。身躯在双腿分开时保持相同的姿势，同时前脚必须与地面完全接触着地。直到双脚并拢后，推举动作才算完成。

19

多次跳跃过顶抛球

简介

这个训练组合了屈曲和伸展交换动作以及跟进的髋关节摆动作。通过这个训练，运动员可以提高反应力并且更有效地发力。

起始姿态

半蹲站立。分别在腰部任意一侧握住一个重量为5~15磅（2~7千克）的球。伸展双臂，抬头，挺背。

动作顺序

采用反向跳跃方式，接着向前和向后伸展1~2码（91~183厘米）的距离。在空中下落之前，髋关节向外摆动，同时双脚稍微向后移动，身体做好向后过顶投球的准备。屈曲双膝，做好向前和向后伸展的准备。以最少的触地时间，完成投掷动作。训练者也可以在一系列向前跳跃或者一次以上向后跳跃之后练习投掷动作。

20

铲式抛球

简介

这个躯干伸展训练强调髋关节和肩关节练习。对于突破障碍或站姿训练的运动员，这是一个很好的练习。

起始姿态

使用重量为5~15磅（2~7千克）的球进行练习。从跪姿开始，并将球放在身体正前方的地面上（如图a所示）。身体从髋部向前屈，保持胸部在前方且髋关节在较高位置并向后，肩部位于球的前方。

动作顺序

伸长双臂并放松，快速摆动髋关节和伸展躯干，像扔平直球一样尽可能快、尽可能远地将球推出，完成捞球或铲球动作（如图b和图c所示），接着以俯卧撑姿势减缓落地过程的冲力（如图d所示）。这个训练强调髋关节和肩关节的完全伸展，而不是手臂动作。

21

▶ 勺式抛球

简介

这个躯干伸展训练强调髋关节和肩关节动作，模拟了奥林匹克举的抓举训练，以更多的跟进动作将球推出。

起始姿态

半蹲站姿。在双膝或低于双膝的高度手持重量为5~15磅（2~7千克）的球进行训练（如图a所示）。伸展双臂，抬头，挺背。

动作顺序

完成快速短暂的反向动作，向上抛球，尝试抬高身体并将球推送到最高的位置（如图b和图c所示）。最主要的是强调向上的距离。在着地时，身体要做好接住前方返回球的准备。在接住球之后，立即做一次反向跳跃并将球重新抛起，重复这一系列动作。

22

▶ 多次跳跃＋下投抛球

简介

与多次跳跃＋过顶抛球一样，这个练习组合了屈曲和伸展交换动作以及跟进的髋关节摆动动作。这个训练适用于参加包含快速反应运动动作的运动员。这些运动包括田径冲刺、跳高、跳远、三级跳、美式橄榄球、篮球和排球。

起始姿态

半蹲站立。使用重量为5~15磅（2~7千克）的球，将球放在腰部任意一侧。伸展手臂，抬头，挺背。

动作顺序

采用反向跳跃方式，接着向上和向前伸展1码（约91厘米）或2码（约183厘米）的距离。在下降之前，髋关节向外稍微摆动到双脚前方，身体做好向前完成下投抛球动作。为了向外伸展，迅速屈曲膝盖，以最少的触地时间完成抛球动作。训练者也可以在一系列向前跳跃或者一次以上向后跳跃之后练习铲球动作。

第6章

核心爆发力发展

在很多运动中，我们都可以看到爆发力是由髋部及腿部产生，经由身体中段传输的结果。这证明了，躯干、髋关节和双腿对于最初力量的产生、支持、重量传输和平衡都非常重要。在了解了第5章所阐述的上肢爆发力链之后，我们接下来将探讨躯干或脊柱、肩胛带以及双肩。在我们的讨论中，躯干的结构定义是身体的中间部分，特指腹部和腰部区域。躯干不但包括了脊柱，还涵盖了胸部、肩部和盆骨区。针对躯干的训练可以提高脊柱的爆发力。这些训练可以发展所有运动活动中的屈曲、伸展和旋转技巧以及姿态、平衡性、稳定性和柔韧性。躯干动作主要分为摆动、扭转和甩动。

摆动

摆动是一种有肩部、胸部和手臂二级参与的横向、水平或垂直的躯干动作。通过正确的脚步定位，从髋关节开始，接着通过上部躯体转动。摆动是适宜的扭转力和跟进动作的结果。流畅地从臀部旋转到肩、手部跟进动作的过渡，造就了最佳的摆动执行。

扭转

扭转是躯干的侧向扭曲。这个动作不需要肩部和手臂主要参与，但是需要转动盆骨和脊柱。扭转要求能把双脚稳定地固定在地面，由髋关节和躯干产生旋转扭矩。一旦运动员熟悉了扭矩的方式，那么接下来的重点就是要抑制或快速减慢扭转的速度，以及向相反方向加速扭矩。

甩动

躯干的甩动动作始于快速击发髋部所产生的扭矩，接着有力地向投掷的反方向屈伸髋关节。这是一种以快速且有力的动作将髋关节从后面摆动到前面（反之亦然）的能力。

核心爆发力练习

练习的过程是一开始使用简单的训练锻炼最大扭矩和爆发力。这些训练包括强调足部定位、膝关节屈曲和髋关节转动的灵活性。接着，这些训练会逐步提高速度、姿态复杂性、平衡性和稳定性，以及灵活性要求。

摆动

23

药球上下传递

简介

这个训练的目的是以屈曲和伸展的方式练习平衡和稳定的姿态顺序。这个训练可以为接下来的投球和抛球训练做好准备。

起始姿态

使用重量为5~15磅（2~7千克）的球，双脚分开站立，间距接近肩宽，背对搭档或墙壁（如图a所示）。双脚平放，双膝微屈。伸长手臂，挺胸，收臀。

动作顺序

在保持挺胸姿势，足部完全触地稳定站立的同时，从头顶和两脚之间向搭档（或对着墙壁）来回传球（如图b和图c所示）。在完成了10~15次重复训练之后，从头顶（或足间）接球转换为传球。

24

水平摆动

简介

这个训练要求使用重量为15~20磅（7~9千克）的哑铃、壶铃、手持药球或相似重量的物体。这是一个可以很好地锻炼躯干爆发力的训练，它可以应用于棒球、高尔夫、曲棍球、美式橄榄球、游泳、推铅球、掷铁饼和掷链球运动中。

起始姿态

双脚和髋关节以舒服的站姿与身体保持协调。双臂伸展，双肘微曲，双手将物体提到胸部的高度，身体与物体保持手臂长的间距（如图a所示）。

动作顺序

通过屈曲双膝及使用肩部和手臂将手持重物拉向身体一侧，执行扭转动作（如图b和图c所示）。随着冲力的加大，使用肩部另一侧和手臂从相反方向拉动来抑制动作。在躯干开始完全朝一个方向摆动之前，开始抑制动作；换言之，使用一个方向的冲力作为引发另一个方向快速伸缩复合反应的负荷（击发动作）。除了肩部和手臂，允许身躯和腿部的力量参与进来。

25

▶ 垂直摆动

简介

像进行水平摆动训练一样，使用重量为15~30磅（7~14千克）的哑铃、壶铃、手持药球或相似重量的物体。除了水平摆动的应用范围之外，垂直摆动还可以应用到举重、越野滑雪、摔跤、排球和游泳等运动中。

起始姿态

双手抓住重物，在两腿之间保持手臂长度悬挂（如图a所示）。保持挺背、抬头。

动作顺序

保持双臂伸展，上下摆动哑铃（如图b所示）。以强有力的制动力从一个方向对抗物体的冲力，以便开始在相反的方向运动。在这个训练的早期过程中，脚趾可以与地面保持接触，以便更好地理解扭转力的参与，然后逐渐加大难度，通过伸展完成起跳动作（如图c所示）。

26

腿部抛投

简介

这个训练需要的设备包括重量为9~16磅（4~7千克）的药球和水平横木、单杠或支柱。这个训练需要全身参与，而且会对整个躯干和肢体产生影响。这个训练可以应用到跳水、美式橄榄球、健身操以及所有包含踢腿动作的运动中。

起始姿态

训练者双手悬挂在横杆上，双脚刚好可以触碰到地面。搭档站在几米以外的地方，做好滚动药球的准备（如图a所示）。

动作顺序

搭档朝着训练者的方向滚动球（如图b所示）。训练者在双脚接触到球时，抓住球（如图c所示），双腿用力摆动同时在相反方向屈曲髋关节抵消球的冲力（如图d所示）。这是一个从髋关节甩动的动作。集中注意力，伸长双腿，使用髋关节抵消绝大部分的反作用力。搭档取回球并重复训练。

扭转

27

药球转体90°

简介

这是强调转动平衡性和稳定性的动作序列中的第一个训练。

起始姿态

使用重量为5~15磅（2~7千克）的球，双脚分开站立，与肩同宽，训练者背对搭档或墙壁。足部与地面完全接触，双膝微屈。手臂伸长，挺胸，收臀。

动作顺序

训练者转身从一侧传球，搭档向同一侧转身并接住球（如图a~图c所示）。打开髋关节并转动肩部以便传球和接球。保持足部与地面完全接触，同时在整个转动过程中强调姿态和柔韧性。

28

药球转体180°

简介

这个训练增加了强调转动柔韧性和姿势渐进式训练的复杂性。

起始姿态

使用重量为5~15磅（2~7千克）的球，双脚分开站立，与肩同宽，训练者背对搭档或墙壁。足部与地面完全接触，双膝微屈。手臂伸长，挺胸，收臀。

动作顺序

这个训练的姿势、稳定性和平衡性技巧类似于药球转体90°训练。区别在于进一步提升了转体柔韧性的难度。在这个训练中，搭档必须转向相反的方向。一人传球，另一人接球（如图a~图c所示）。

29

▶ 杠铃扭转

简介

这个训练需要使用重量为20~50磅（9~23千克）的杠铃。集中精神，使用躯干肌肉以及部分肩部和极少数手臂肌肉。这是一个初始转动训练，涉及快速且有力地抵抗负荷的能力。这个训练非常适合用于练习美式橄榄球、棒球、垒球、高尔夫和田径的投掷和摆动动作。

起始姿态

站姿，将杠铃放在肩上，双手尽可能分开，紧握杠铃（如图a所示）。双膝屈曲，双脚分开站立，比肩稍宽。

动作顺序

向一个方向转动上半身（如图b所示），接着，在躯干完全转动之前，在相反方向开始动作练习（如图c所示）。重复这个顺序，主动向一个方向推杠铃，接着向另一个方向推杠铃。屈曲双膝，保持躯干笔直，集中精神使用躯干肌肉抵抗和克服杠铃的冲力。

30

▶ 扭转抛投

简介

这个训练最好使用重量为9~15磅（4~7千克）的药球，能够训练到所有涉及转动身体的躯干肌肉。扭转投球可以用来练习投掷和摆动动作。

起始姿态

紧挨着身体抱球并将其置于腰部高度。双膝屈曲，双脚分开站立，比肩稍宽。搭档站在一侧接近12英尺（约3.7米）的位置，面对着相反的方向。

动作顺序

一开始是向与投球相反的方向快速扭转躯干（如图a所示）。突然抑制相反方向的冲力，并快速且用力地开始摆动。在躯干扭转到最大程度时，将球投出（如图b和图c所示）。集中精神，在开始从投球的方向摆动之前，使用快速的击发动作。使用髋关节、肩关节以及手臂进行训练。

31

▶ 平衡性抛投

简介

这个练习使用接球和投球技能，提高平衡性和稳定性。

起始姿态

搭档坐在地上，双脚离地，依靠臀部保持身体平衡。训练者面对坐姿搭档采用站立姿势，同时将一条腿提到髋关节高度，用另一条腿保持身体平衡。在完成一半的重复训练之后，训练者可以换另一侧腿进行练习。

动作顺序

一开始单腿站立，将另一条摆动腿提到髋关节高度，同时脚跟恰好在支撑腿膝关节前面（如图a所示）。将球投向前面的搭档或者墙壁，这样球会从不同的方向返回（如图b所示）。尝试在使用不同的转动姿势接球时仍然能够保持这个姿势。持续完成10~20次投球练习。这个练习可以进阶到从侧面和后方投球和接球（如图c所示）。

32

▶ 前倾、拉和推

简介

这个训练可以提高整个身躯的力量和灵活性。在练习时，最好是借助柱杆或奥林匹克举重杠铃杆，在视平线上将柱杆或奥林匹克举重杠铃杆放置于杠铃架上。

起始姿态

在接近肩部高度的位置抓住杠铃杆，脚往外走，直到双臂完全悬挂，脚趾是身体唯一触碰地面的部分（如图a和图b所示）。

动作顺序

在身体完全悬空的情况下，将自己往上拉，使用髋关节猛拉或扭转，将自己推回完全站立姿势（如图c和图d所示）。在一开始的几次尝试中，可能会感到自己像是被一分为二，但很快就能够具备足够的力量完成3~5次将自己重新上拉到站立姿势的训练。

33

杠上打挺

简介

这个训练可以增强整个身躯的力量和灵活性。在练习时，最好是借助柱杆或奥林匹克举重杠铃杆，在视平线上将柱杆或奥林匹克举重杠铃杆放置于杠铃架上。

起始姿态

在低于肩部高度的位置抓住杆。脚向前行走，直到双臂完全悬挂，脚跟是唯一接触到地面的身体部位（如图a所示）。

动作顺序

在这个悬挂姿势中，摇摆或蹬动髋关节向前和向上，直到双手几乎要离开杠铃杆（如图b所示）。在髋关节开始向后和向下返回起始姿态时，重新抓住杠铃杆（如图c所示）。重复训练这个蹬足动作3~5次。在最后一次重复中，允许借打挺的力量将身体离开杠铃杆并向前离地腾跃。

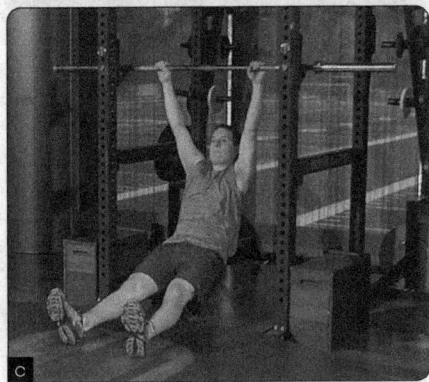

34

鲤鱼打挺

简介

这个训练需要诸如摔跤垫子或草地等柔软平坦的表面。整个身躯的肌肉和所有的肢体都会参与鲤鱼打挺训练。这个训练要求整个身体具备较高水平的协调性和爆发力。同时，这个训练特别适用于体操、摔跤、举重和跳板跳水。

起始姿态

仰卧姿势，双膝屈曲，双脚着地（如图a所示）。

动作顺序

保持双腿并拢且一起伸展，像逆向翻跟头一样，后滚足够远，直到脚超过头部（如图b所示）。同时，双手手掌向下，手指张开，分别放在头部两侧。现在，身体为击发姿势。想要启动爆发力，可以快速地向上和向前伸展双腿，同时双手推离地板。向前伸展髋关节和手臂，屈曲双腿并将其放置在身体下方，做好带动身体着地的准备（如图c所示），这是一个甩动髋关节的动作，以半蹲站姿着地（如图d所示）。思考一下从开始回滚到击发姿势的训练过程。集中精神向上推转整个身体。在空中时，记住髋关节和手臂必须快速向前转接。

99

第7章

下半身爆发力发展

快速伸缩复合训练最初是用于开发更有效、更强有力的离地动作模式。运动员寻求跑得更快，跳得更高、更远，同时更有效地改变方向，换言之，掌握更好的落地技巧。双腿跳、交换跳、跨越跳以及它们的变式（垫步跳、跳远及弹跳），都是运动应用中最大化落地技巧以及力量转移的方法。

双腿跳

在关于训练的讨论和运动表现评估中，使用了很多关于双腿跳的定义。在双腿跳中，运动员追求最大高度（或用教学术语来说：将髋关节向上抛射），但是他们并不太注重水平距离。虽然运动员采取不同的助跑方法，但是他们一般都是使用双脚起跳和着地。

在田径文献中将双腿跳描述为任何包含双脚起跳和着地的动作。这是一个很棒的描述，虽然这种表达并不适用于所有情形（例如，跳高），但是它是将训练术语与运动表现术语结合到一起的另一种方法。当追求跳跃高度的时候，起始姿势和起始方法都非常重要。

以下是一些特色跳法。

- 蹲跳——在没有预先拉伸动作的情况下练习双腿跳。这是一个在静止情况下，踝、膝和髋关节以特定角度屈曲的垂直跳跃。

- 反向跳跃——这个双腿跳动作包含预先拉伸动作。这是一个踝、膝和髋关节短暂屈曲，随后伸展所产生的垂直跳跃。

- 跳深——在特定高度下落，落地后纵跳。落地时肌肉屈曲，随后再次伸展。

爆发力训练包括以下跳跃方式。

- 原地跳跃——这个双腿跳方式的起跳和着地并不包括水平移动，只有身体的垂直位移。原地跳跃一般可以作为初始训练方式，在较高级别的训练计划中，原地跳跃可被作为一种低或中强度的训练。

- 跳远——这个双腿跳方式可以应用在运动员需要水平移动的田径运动中。起跳和着地是较低强度和高训练量的动作，而跳跃是以米而非接触方式记分（例如，30~100米）。
- 中等耐力跳——为长跳跃距离（40~80米）设计的低冲击力、简单交换跳、高抬腿及组合双腿跳方式。起跳与落地为低强度且高训练量的动作。中等耐力跳一般也采用距离记分，而非接触次数。
- 中等爆发力跳——一种（同样来自田径运动的）包含高强度和低训练量的起跳和着地的双腿跳方式。这个动作包括跳箱、交替或单腿接触。
- 短期跳跃——一个包括较低训练量和最高强度（或冲力）起跳和着地的双腿跳方式。这个跳跃包括较高的复杂性和高冲力（例如，障碍跳、跳深和立定三级跳）。在爆发力训练中，冲击式训练最初是用来描述离心训练。更具体而言，这个跳跃方式指的是包含冲力训练类型（例如，跳深）的爆发式反应训练方法。

交换跳

交换跳的重点是达到最大的水平距离，高度也是实现距离的一个要素。运动员可以采用双脚一起或者两脚交替的方式完成交换跳。

在田径运动中，交换跳指的是用一条腿起跳，用另一条腿落地的动作。从高级执行角度来看，这个定义是正确的。但是，早期的水平髋关节提升渐进式训练鼓励采用双腿起跳并落地，以维持低压力，并强调高技术价值。因此，我们会从逐步执教和学习的角度出发，将交换跳放入这个分类（例如，垫步高抬腿、单侧高抬腿和垫步跳）。

跨越跳

跨越跳强调腿部以最大循环速率完成跳远或跳高。为了强调在最佳循环腿部动作中髋关节提升的重要性，获得水平距离在早期训练只是第二要点。稍后的重点是在实现具体目标时不再强调垂直距离（例如，竞技三级跳的跨越跳阶段）。

在田径运动中，跨越跳被描述为用相同的腿起跳和落地的动作。这个术语符合渐进式教学和能力训练要求。因为跨越跳的复杂性，早期渐进训练的重点并不是方向（向前、横向或向后），而是使用双腿的平衡性和姿态稳定性，以便达到良好的髋关节提升和循环腿部动作。

跳远

跳远是一种单次全力训练，强调达到最大高度和最远水平距离。运动员可以单腿或双腿练习跳远。跳远是与双腿跳及交换跳相似动作的一种描述，一般是单一的重复（不可重复）反应。

垫步跳

运动员采用交替使用右腿迈步跨越跳和左腿迈步跨越跳的方式练习垫步跳，强调高度和水平距离，可以采用任意方向练习迈步跨越跳（向前、横向和向后）。

弹跳

弹跳的重点只在于腿部和足部的快速动作。运动员可以通过使垂直与水平距离最小化以达到最快速率执行。快速伸缩复合训练与其他训练方法一样，可以分成两种训练分类：蓄力（或者抵抗）以及非蓄力（或者辅助）。在弹跳练习中，以恰当的方式下落属于后者，有些人将这种分类称之为超速训练类型。

下肢爆发力训练

双腿跳、交换跳、跨越跳以及它们的变体（垫步跳、跳远和弹跳）都是使用下半身（髋关节、腿部和足部）进行练习，以便获得最有力、最有效的落地技巧。以下是一些使用这些动作的训练。

双腿跳

35

▶ 原地跳

简介

这是学习双腿跳的基础训练，主要涉及髋关节的垂直抛射姿势、起跳与落地训练可以从执行这个简单的下肢训练开始。

起始姿态

站姿，双膝微屈，挺胸，收肩。

动作顺序

起始时强调垂直起跳，将髋部向上抛射以达到一定高度，并只使用小腿（如图a和图b所示）。双臂和肩部采用向上提升方式。强调膝关节的轻微屈曲与伸展，以及脚踝和足部的更大屈曲。在起跳之前，踝关节必须将足部锁定为脚趾向上的姿势（背屈）。在训练的整个过程中，锁定这个姿势，以确保稳定地接触和快速、弹性地起跳。

36

深蹲跳

简介

在平坦、有一定弹性的表面上练习这个动作。这是发展腿部和髋关节爆发力的基本练习，可以应用到很多运动中。该运动的重点是每次训练都必须努力取得最大的高度。

起始姿态

采取放松的正直站姿，双脚开立与肩同宽。手指交叉锁住，手掌放在头部后方。这样可以确保在开始训练阶段采用正确的起跳和着地姿态。稍后，如果能够经常以正确姿态完成动作，就可以使用双臂带动起跳。

动作顺序

屈曲向下，一开始双膝屈曲，向下半蹲（如图a所示），然后立刻制止这个向下动作，同时尽可能高地向上爆发性跳跃，伸展髋关节、膝关节和踝关节，以便尽可能快速地达到最大高度（如图b所示）。一开始，保持着地姿势（如图c所示），检查完成质量，紧接着完成下一次重复。从跳一次停一次开始，慢慢到跳多次暂停一次，再到最后没有暂停，连续完成多次动作。每一次跳跃都要达到最大高度。

37

箱式跳跃

简介

箱子在这个训练中的作用就是减少着地的冲击力，协助执行更符合运动力学的着地，同时为髋关节垂直抛射提升提供方向。使用接近大腿中间部位到髋关节高度的坚固箱子或平台。

起始姿态

完成箱式跳跃的最佳方式是从离箱子约一臂远的距离开始：

- **静蹲**——采用半蹲姿势，双脚分开，与髋同宽，手臂放在身后，做好向前摆动的准备（如图a所示）。
- **反向跳跃**——采取正直站姿，同样的足部位置，双腿快速屈曲为半蹲姿势，接着爆发式地起跳。
- **迈步**——一条腿保持之前的姿势，位于髋关节下方，另一条腿往后放。屈曲膝关节，将重心转移到前脚，以避免出现任何摇摆的踏步动作。在蹬地时，身后的脚在回到原先位置之前可以为接下来的起跳提供冲力。
- **横向迈步交换跳**——站在距离正常起跳位置侧面接近一步半的位置，使用外面的脚蹬地，带动里面的脚横向移动以便在原来起跳的位置完成双脚起跳动作。

动作顺序

单一反应训练中，在渐进起始位置起跳之前，双臂带动身体的同时，快速伸展髋关节和膝关节，爆发式地将身体推离地面（如图b所示）。以屈曲姿势在平台上着地（如图c所示）。

多重反应训练中，在渐进起始位置起跳之前，使用双臂辅助最初的爆发动作，向前和向上跳跃，同时在箱子或平台上双脚同时着地。接着，立刻落到或跳回起始位置，重复训练。可以变换跳跃的方向以及跳落到平台上或平台之外的位置来练习变式动作。请记住，在不影响髋部抛射的情况下，用手臂带动身体以最小化接触时间。

38

火箭式跳跃

简介

　　在平坦、有一定弹性的表面上练习这个动作。这是锻炼躯干爆发力的基本训练，可以应用到很多运动中。训练的重点是在每一次运动中达到最大的高度并且手臂向上伸展。

起始姿态

　　采取放松的正直站姿，双脚开立，与肩同宽。双臂稍微屈曲，贴近身体。

动作顺序

　　一开始双膝屈曲，向下半蹲（如图a所示），然后立刻制止这个向下动作，接着尽可能高地用力向上起跳，垂直伸展整个身体（如图b所示）。在身体下降过程中，屈曲关节，这样身体可以在着地之前再次回到起跳姿势。重复这个从屈曲到完全伸展的动作，并尝试每次重复动作时都达到相同的位置。可以使用第3章详细介绍的渐进式方法进行练习：单一反应、加入暂停的多重反应和多重反应。

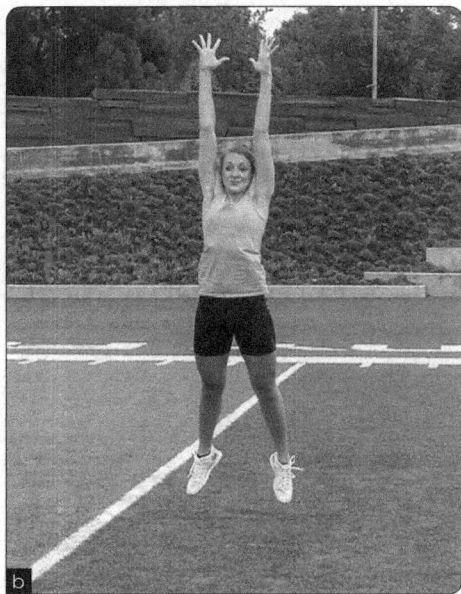

39

星式跳跃

简介

这是一个锻炼整个躯干爆发力的基本训练，可以应用到很多运动中。训练的重点是在每一次运动中达到最大高度和向外伸展。这是一个不错的初始训练，适用于练习涉及悬挂时间的协调性动作。

起始姿态

采取放松的正直站姿，双脚开立，与肩同宽。双肘微曲，双臂贴近身体。

动作顺序

和火箭式跳跃一样，一开始双膝屈曲，向下半蹲（如图a所示），然后立刻制止这个向下动作，接着尽可能高地用力向上起跳，垂直伸展整个身体（如图b所示）。这个训练与火箭式跳跃训练的差别在于，四肢在四个方向向外伸展（如图b所示）。在身体下降过程中，关节向内屈曲，在着地之前再次让身体回到起跳位置。可以使用第3章详细介绍的渐进式方法进行练习：单一反应、加入暂停的多重反应和多重反应。

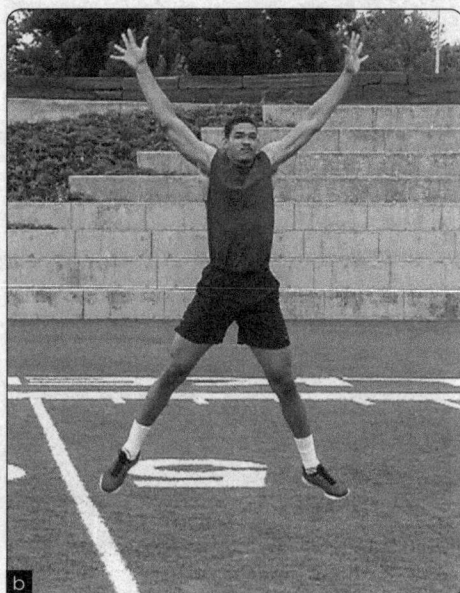

40

▶ 双腿踢臀跳

简介

运动员经常将这个练习作为力量转移训练的首选。通过屈曲膝关节向上提小腿这个简单动作，在悬空时伸展后屈曲会施加更多的力。

起始姿态

站姿，双膝微屈，挺胸，收肩（如图a所示）。

动作顺序

采用快速反向跳跃方式，通过伸展髋关节达到跳跃高度。在身体完全伸展之前，向上卷起脚趾，就像贴着墙壁一样把脚跟向上拉，这样可以把脚跟滑到臀部位置（如图b所示）。膝关节必须向上和向前提升，但不是抱膝。通过手臂借力，维持正直姿态。可以使用第3章详细介绍的渐进式方法进行练习：单一反应、加入暂停的多重反应和多重反应。

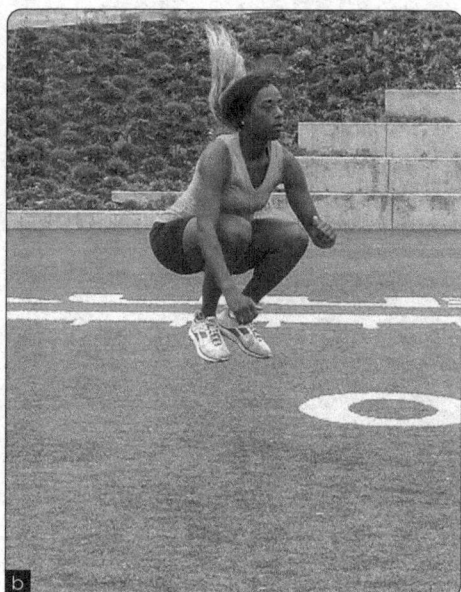

41

抱膝跳

简介

这个训练必须在诸如草地或体育馆地板等有弹性的平坦表面上进行练习。

起始姿态

采取舒适的直立站姿，手掌向下，位于胸部高度。在这个训练的开始阶段采用这种方式可以确保良好的起跳和着地姿态，同时为膝关节提供目标。当能经常标准地完成动作之后，参考第3章的翘拇指原则。

动作顺序

一开始是身体快速下沉到四分之一的位置（如图a所示），接着立刻向上有力跳起。双膝向上提升到胸部位置，接着使用膝关节尝试接触手掌（如图b所示）。在着地之前，重复训练。每次必须向上提膝，双脚团在身体下方。可以使用第3章详细介绍的渐进式方法进行练习：单一反应、加入暂停的多重反应和多重反应。

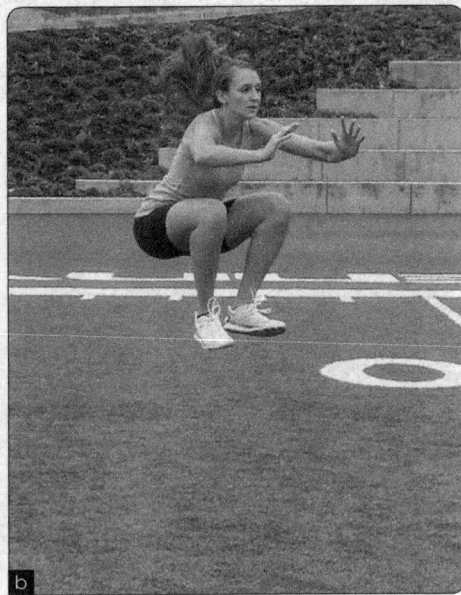

42

▶ 分腿跳

简介

在平坦的表面练习分腿跳。这个训练特别适合锻炼跑步和越野滑雪的跨步爆发力，也可以作为挺举的分腿练习。

起始姿态

站姿，一条腿向前，膝关节在足部中间的正上方；另一条腿在后，膝关节屈曲，在髋关节和肩部垂直线下方（如图a所示）。

动作顺序

尽可能高且笔直地向上跳跃（如图b所示），挥舞手臂借力以便身体更好地往上提升。在着地之前，保持腿部伸展姿势，屈曲膝关节以便承受冲击力（如图c所示）。很重要的一点是，使肩部靠后与髋关节呈一条直线以便保持恰当的稳定性。按照要求的次数重复动作，接着交换双腿，使用另一条腿向前练习相同的训练次数。可以使用第3章详细介绍的渐进式方法进行练习：单一反应、加入暂停的多重反应和多重反应。

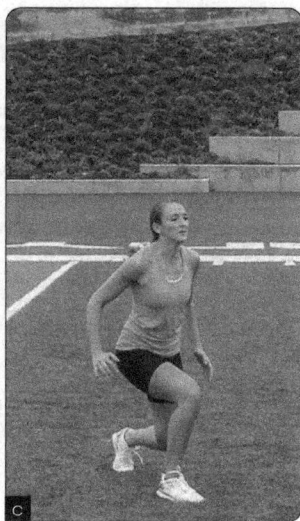

111

43

▶ 剪式跳跃

简介

和分腿跳一样，这个训练有利于锻炼下肢和躯干的肌肉。这个动作与分腿跳相似，只不过它同时强调腿部速度。因此，这个训练特别适合跑步运动员和跳跃运动员。

起始姿态

站姿，一条腿向前，膝关节在足部中间的正上方；另一条腿在后，膝关节屈曲，在髋关节和肩部垂直线下方（如图a所示）。

动作顺序

和分腿跳一样，尽可能高且笔直地向上跳跃，挥舞双臂借力以便身体更好地往上提升。在达到跳跃的顶点时，交换双腿的位置，换言之，前腿换为后腿，后腿换为前腿（如图b所示）。双腿交换发生在半空中，所以你必须在落地前快速完成动作。在着地之前，重复跳跃，再次交换双腿位置（如图c所示）。训练的重点是达到最大的垂直高度和腿的速度。可以使用第3章详细介绍的渐进式方法进行练习：单一反应、加入暂停的多重反应和多重反应。

44

双剪式跳跃

简介

这个训练是剪式跳跃的变式，针对高水平运动员。这个训练非常适合用于提高髋关节、腿部和躯干肌肉的屈曲和伸展。

起始姿态

站姿，一条腿向前，膝关节在足部中间的正上方；另一条腿在后，膝关节屈曲，在髋关节和肩部垂直线下方（如图a所示）。

动作顺序

和剪式跳跃一样，尽可能高且笔直地向上跳跃，挥舞双臂借力以便身体更好地往上提升。在达到跳跃的顶点时，尝试完成腿部循环训练，前腿换为后腿，后腿换为前腿，反之亦然。在半空中交换双腿，同时必须在原来的位置完成着地动作（如图b和图c所示）。记住保持肩部在髋关节上方的姿势。完成这个髋部的双交替动作要涉及整个腿部，而不是仅仅交替小腿和足部。因此，只能在单一的反应模式中执行这个训练。

45

▶ 蹬腿跳

简介

蹬腿跳需要长且坚固的凳子、长方形箱子、一行看台或体育馆台阶。这个训练适用于任何要求单腿或交替腿臀部抛射的运动或活动。这个训练要求在不影响姿势和技巧的情况下，使用髋关节和一条腿来增加蹬踏距离。

起始姿态

在凳子的一侧站好，将靠近凳子的脚放在凳子上方，双臂分别向下垂放在身体两侧（如图a所示）。

动作顺序

一开始使用双腿蹬，同时双臂向上。通过内侧脚（凳子上的脚）的爆发力，尽可能地跳高，外侧腿（摆动）用力将膝关节提到最高位置（如图b~图d所示）。一开始采用单一反应方式训练，专注于下蹬长凳以及向上驱动摆动腿和手臂。同步摆动的剪刀式动作和踏步提起动作很有难度。可以使用第3章详细介绍的渐进式方法进行练习：单一反应、加入暂停的多重反应和多重反应。

在多重反应中，当外侧腿（远离长凳）接触地面时，立刻重复训练。主要使用内侧腿来提供力量和支撑，外侧腿在最少的时间里以最大的冲力接触地面。当运动员到达凳子的末端时，转身并交替腿的位置，在另一个方向重复训练。记住在每一次跳跃时，运动员都需要跳到最大高度同时完全伸展身体。

46

▶ 交替蹬腿跳

简介

　　和蹬腿跳一样，这个训练需要长且坚固的凳子、长方形箱子、一行看台或体育馆台阶。这个练习可以扩展蹬腿跳的多重反应效果，提高运动员在跑步、跳跃、体操和类似运动比赛方面的能力。

起始姿态

　　和蹬腿跳一样，站在凳子一端，一只脚在地面，另一只脚在凳子上。一侧手肘屈曲，另一只手向下放在身体一侧（如图a所示）。

动作顺序

　　手臂快速上摆，通过抬高腿蹬离长凳来延续这个向上的冲力（如图b所示），尽可能高地往上跳，完全伸展身体（如图c所示）。此时，身体处于长凳上方，并略微靠前，这样蹬凳子的腿在凳子的另一侧着地，而被牵引腿放在凳子上面（如图d所示）。现在，身体的方向和脚的落位与之前的起始姿势相反。一旦原来蹬凳子的腿接触到地面，就可以重复训练。这次，原来的被牵引腿将作为主要的爆发力来源。在凳子上前后移动重复训练。每一次跳跃都努力达到最大高度，同时使用手臂辅助身体提升。将双脚在地面和凳子之间的接触时间缩短至最短，尽可能快地完成训练。可以使用第3章详细介绍的渐进式方法进行练习：单一反应、加入暂停的多重反应和多重反应。

47

▶ 快速跳远

简介

这个训练需要一个诸如草地、沙地或摔跤垫子等柔软的着地表面，以及一个12~24英寸（30~60厘米）高的箱子、长凳或凳子。这个训练对于进行排球、美式橄榄球、篮球、跳台跳水和举重等运动非常有用。

起始姿态

双脚并拢，身体半直立姿势面对箱子（距离约为一只手臂的长度）。将手臂放在身体两侧，稍微屈曲手肘。

动作顺序

手臂用力摆动，协助身体爆发式地跳离起始位置，跳上箱子（如图 a 所示）。在滞空时，可以采用半蹲姿势做好起跳准备，膝关节保持较高高度，位于髋关节前方，并将双脚收到髋部下方（如图 b 所示）。在落到箱子上之前，必须锁定脚踝，让整个足部着地（如图 c 所示），然后立刻向前爆发式用力，这次伸展并伸直全身（如图 d 和图 e 所示）。最后以整个足部着地，弯曲腿部缓冲冲力（如图 f 所示）。一开始，以足够的高度尽可能快地跳跃到箱子上，集中精神在箱子上完成第二次爆发式跳跃，强调在起跳后完全伸展身体。你可以通过一条腿落在箱子上并起跳，来练习这个训练的变式。可以使用第3章详细介绍的渐进式方法进行练习：单一反应、加入暂停的多重反应和多重反应。

48

▶ 跳深训练

简介

这个训练需要一个12~36英寸（30~90厘米）高的高台（箱子或凳子）。着地表面必须宽敞且有弹性——草地、体育馆地面和缓冲草皮都可以。跳深是一种冲击力训练方法，是训练连续统一体的最后一部分。因此，必须进行渐进式练习以完成这个训练，并在这个训练中也进行渐进式练习。冲击力训练方法包括从高位台落下或跳下到起跳表面。这个动作的关键是避免形成着地节奏，以便练习突然的着地和跟进的起跳动作。跳深训练是运动项目中的精英练习，因为它可以提高腿部力量、速度和反应灵敏性。但是，如果没有按照第3章所描述的内容，按照恰当的渐进法练习，那么该训练会引发很多问题。

起始姿态

站在高台的边缘上，脚前部超过边缘。膝关节微屈，手臂放松放于身体两侧。这个姿势的目的是便于从边缘上滑下或落下，而不是跳下或走下。这样做也可以在无意中设定运动表现的节奏。

动作顺序

从高台下落到地面（如图a和图b所示）。在下落的过程中，屈曲膝关节和髋关节，做好着地准备。向后摆动手肘和背屈脚踝。一开始只重复训练着地动作。在你能持续地完成正确的着地姿势之后，通过手臂上挥，并尽可能向高处伸展身体，渐进地练习着地时立即起跳，而非落地之后（如图c所示）。在保持地面接触时间最小化的同时，将强度和力量提升到最高程度可以产生最佳力度。在尽最大的努力训练之后必须进行充分的休息。

117

跳远

49

高度跳远

简介

与普通的反向跳跃运动相比，这个训练提供更多的弹性反应执行力。

起始姿态

使用一个高度介于膝关节到髋关节之间的箱子或平台。运动员站在高台的边缘上，脚前部超过边缘。膝关节微屈，手臂放松放在身体两侧。这个姿势是为了便于从边缘上滑下或落下，而不是跳下或走下。这样做也可以在无意中设定运动表现节奏。

动作顺序

从高台掉落，或下落（如图a所示），以起跳姿势着地（如图b所示），在触地时立刻起跳（如图c~图e所示）。跳远是为了取得向外的距离与高度。跳远是单次、高强度的练习，因此，着地位置处最好有沙地或泡沫提供缓冲（如图f所示）。

50

跳深跳远

简介

这个训练要求使用两个箱子或凳子，一个高度为 12~16 英寸（30~40 厘米），另一个高度为 22~26 英寸（56~66 厘米）。使用诸如草地或薄垫子作为弹性着地表面。这个训练适用于举重、篮球、排球、跳台滑雪和跳台跳水等运动。

起始姿态

站在高度较低的箱子上，手臂放在身体两侧，双脚并拢，像练习跳深训练一样，稍微离开箱子边缘。将高度较高的箱子放在运动员面前 2~3 英尺（60~90 厘米）的位置。

动作顺序

像跳深训练一样，一开始从高度较低的箱子上下落，接着双脚着地（如图 a 和图 b 所示）。然后立刻跳到高度较高的箱子上，双脚着地（对于能力较强的运动员可以单脚着地）（如图 c 所示）。接着使用手臂及身体的完全伸展，尽可能猛烈地向前上方驱动身体（如图 d 所示）。双脚着地，双腿屈膝缓冲压力，完成动作训练（如图 e 所示）。集中精神执行快速的、爆发力强的跳深，克服着地力量，同时使用反冲力跳到更高的箱子上。在落地之前就要想着跳离高箱子。与其他冲力训练一样，运动员在两次跳跃之间需要 1~2 分钟或更多的休息时间。

交换跳和垫步跳

51

▶ 垫步高抬腿

简介

就像原地跳是用来练习跳跃一样，垫步高抬腿是交换跳的渐进式训练的开始动作。在这个训练中，要点是双脚同时起跳和着地，并在水平方向抛射髋关节。

起始姿态

站立姿势，双膝微屈，髋关节向前倾斜。

动作顺序

在起跳之前，髋关节向外向上推，一条腿的膝关节向前并还原至预备姿势（如图a和图b所示）。在着地时，重复起跳动作，另一条腿的膝关节向前并还原至预备姿势（如图c所示）。上半身动作与跑动的动作保持一致。为了两脚同时落地，脚踝必须锁定在脚趾向上姿势。

52

▶ 单侧高抬腿

简介

　　单侧高抬腿是一种节奏性训练，可以提高髋关节抛射和后腿蹬伸能力。前腿的力度技巧、恰当的活塞动作以及髋关节伸展技巧是次级训练重点。

起始姿态

　　站姿，一条腿在另一条腿的前面。

动作顺序

　　一开始，使用后腿和脚的推动力，保持踝关节锁定姿势以便强调弹簧蓄力似的落地与起跳（如图 a 所示）。保持同一条腿在髋关节后面同时向前抛射髋关节，对侧腿处于向前的位置，为每次跨步的初始落地及平衡做好准备（如图 b~图 e 所示）。在完成了6~12次重复训练之后，交换双腿位置，重复训练顺序。强调髋部向前上方有力抛射、后腿膝关节及踝关节快速伸展，伴随着前腿活塞式的跨步动作。

53

▶ 快速垫步跳

简介

垫步跳是一种锻炼跨步肌群的极佳训练。它可以增强冲刺和跳跃运动力学，同时训练习得阶段所要求的爆发力。快速垫步跳（或者我们常常提到的冲刺垫步跳）必须类似于高水平的加速机制，将摆动腿的膝关节推动力以及站立腿的髋关节伸展提升到最高水平。手肘动作与加速中一样。

起始姿态

以放松的姿势站立，同时一条腿稍微向前迈。

动作顺序

在这个训练流程的开始，摆动腿非常用力地向后下方蹬地。翘起前腿脚趾，脚底擦地（跨越跳部分），膝关节向前上方驱动，最后脚踝在腘绳肌下方停止（如图a~图e所示）。保持近距离接触地面，强调髋关节抛射，不要强调跨步距离。最大化髋部推动及大腿伸展、恢复和频率。

54

▶ 爆发式垫步跳

简介

垫步跳是一种锻炼跨步肌群的极佳训练，它可以增强冲刺和跳跃运动力学，同时训练习得阶段所要求的爆发力。通过执行"右右跨"到"左左跨"，再回到"右右跨"的跨步跳模式，来练习所有的垫步跳。

起始姿态

以放松的姿势站立，一条腿稍微向前。

动作顺序

从后腿驱动，开始一个短暂的垫步跳。接着，另一条腿将脚趾和膝关节向上驱动（如图a所示）。在着地时，使用对侧腿重复动作（如图b~图d所示）。在每一小步之后都尽可能达到最大高度及爆发力。快速且用力地上提膝关节，以便传递支撑腿最大伸展的力量。手臂上挥，将触地时间降至最低，同时将注意力集中在身体提升和滞空时间上。

55

▶ 伸展垫步跳

简介

垫步跳是一种锻炼跨步肌群的极佳训练，它可以增强冲刺和跳跃运动力学，同时训练习得阶段所要求的爆发力。通过执行"右右跨"到"左左跨"，再回到"右右跨"的跨步跳模式，来练习所有的垫步跳。

起始姿态

以放松的姿势站立，一条腿稍微向前。

动作顺序

伸展垫步跳时，每一次垫步跳及迈步都包含长时间的滞空。在每个迈步阶段保持较好的跨步技巧。垫步跳达到最远距离，伴随着膝关节最大水平驱动，以及前脚抓地动作（如图a~图e所示）。伸展垫步跳的时间把握与节奏类似于三级跳。

56

▶ 直膝跑

简介

直膝跑是两腿交替的训练，因此它是向交换跳进阶的训练。直膝跑强调在髋关节与膝关节完全伸展时髋部的向前抛射。

起始姿态

以放松的姿势站立，同时一只脚朝前。

动作顺序

一开始，从前腿开始向前外方推动髋关节（如图a所示）。膝关节最小程度屈曲，锁定踝关节，用另一只脚着地，接着身体快速伸展，这样髋关节可以保持向前的延伸顺序，踝关节稍微向后抛射（如图b和图c所示）。这个初级交换跳训练的首要重点是着地，并最大化下落或着地时的反冲力。

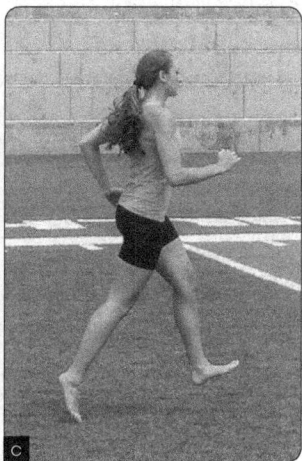

57

▶ 侧向交换跳

简介

可以在平坦的地面、带有斜面的箱子或类似的倾斜面上练习侧向交换跳。这个训练强调使用大腿的内收肌和外展肌以及膝关节和踝关节的稳定肌。侧向交换跳对于大多数运动来说都是极佳的练习，特别是滑冰、曲棍球、越野滑雪、网球、篮球和棒球。

起始姿态

保持与目标垂直的半蹲姿势。如果使用带有斜面的箱子或倾斜面，将其放置在侧面一大步远的距离。

动作顺序

强调距离以及水平轨迹，前腿完成向内反向跳跃动作，将重心转移到外面的腿以便快速起跳和伸展，同时前面的肩关节和膝关节下沉并向远处驱动（如图a和图b所示）。前腿会先着地，跟进腿可以保持着地平衡（如图c所示）。可以使用第3章详细介绍的渐进式方法进行练习：单一反应、加入暂停的多重反应和多重反应。对于单一反应，使用最大的爆发力并每次都重新复位，以便获得自身运动表现的最佳反馈，同时强调使用大腿和腹股沟肌肉以及髋关节和下背部。

58

▶ 单腿台阶交换跳

简介

这个训练强调在保证最佳执行所需力学技巧的同时，减少从高处着地时的冲击力。必须在有贴边面板的封闭式台阶（例如，体育馆台阶，而不是看台台阶）上进行练习，以确保前脚不会被台阶下沿卡住。

起始姿态

从整个台阶的最底端开始，一条腿在某一级台阶上保持平衡，另一条腿在身后稍稍抬离相邻的下一级台阶，悬空保持平衡。

动作顺序

前脚抬离的同时后脚下落到低一级的台阶上（如图a和图b所示）。当后脚接触到低一级的台阶，迅速爆发并上推，同时原来前腿的膝关节向上驱动，跳到更高的1~2级台阶上（如图c和图d所示）。从右腿开始，下落到左腿，交换跳到右腿，持续此流程直到完成指定重复数。接着，交换前腿和蹬伸腿（例如，左腿开始，下落到右腿，交换跳到左腿），完成相同的重复次数，这是一个训练组。

59

▶ 双腿上斜坡交换跳

简介

在封闭的台阶、体育馆台阶或倾斜山坡上进行这个训练。在倾斜的表面训练可以减少着地力量的冲力影响，同时能更好地发挥伸展和起跳力量。

起始姿态

在台阶的前面部分，保持放松的半蹲姿势。放松双臂，并稍微将手臂放在身体后面，做好上挥准备。

动作顺序

像其他训练一样，这个训练也要通过渐进法进行。在台阶或斜坡上练习单一反应模式。从反向跳跃开始，充分伸展身体并向前上方爆发式跳上斜坡，紧接着屈曲身体，以正确的技巧全脚掌着地（如图a~图c所示）。在每次重复训练之前复位。多重反应交换跳最好在台阶上练习。从起始姿势回落到前一级台阶上，且在回落的过程中保持髋关节能够向前上方抛射的姿态。尽可能快地起跳，且在能够保持良好的着地技巧的前提下，向上跳过尽可能多的台阶，同时为着地和下次起跳做好准备。

60

▶ 台阶侧向交换跳

简介

这个训练是横向交换跳的多重反应渐进式组合练习，可以在有高度的表面上练习，以便减少着地冲力的影响。类似于单腿台阶交换跳，这个训练从一级台阶落下，然后侧向爆发式交换跳上多级台阶。

起始姿态

一开始采用半蹲姿势，肩部与台阶保持垂直，重心放在位于上一级台阶上的腿上。

动作顺序

与其他台阶交换跳方法相似，保持身体重心在台阶之间转移，接着下侧腿向后1级，立刻伸展腿部和膝关节，用前腿驱动，并快速向上方内侧交换跳2级或3级（如图a~图c所示）。继续这个"下落1级，向上交换跳2级或3级"的训练流程，然后在另一个方向重复相同的训练。

61

双腿交替台阶交换跳

简介

这是强调水平髋部抛射的渐进式训练的下一级练习，该练习包含交替腿着地。这里需要使用诸如斜坡或封闭式台阶作为倾斜表面，以便减少冲力影响。

起始姿态

以舒服的姿势站立，迈步时，一只脚比另一只脚稍微靠前；手臂放松，放在身体两侧。除了从静止开始的变式以外还有从行走或跑步开始，后者可以提高运动表现效率。

动作顺序

一开始支撑腿伸展到最大范围，摆动腿膝关节驱动最大化，向台阶跑动（如图a~图d所示）。为了快速起跳及产生爆发力，保持脚趾和脚跟向上的姿态，同时每跑一步都必须防止跨度过大并控制时间长度。

62

▶ 交换跳

简介

这是发展髋部和腿部爆发力的主要训练。交替双腿完成大腿和臀部屈曲和伸展肌的锻炼，同时增强跑步、冲刺和跳跃动作。

起始姿态

以舒服的姿势站立，迈步准备时，一只脚比另一只脚稍微靠前。手臂放松，放在身体两侧。除了从静止开始的变式以外还有从行走或跑步开始，后者可以提高运动表现效率。其他的改变包括交替着地（例如，右-右-左，左-左-右，右-右-左-左）以强调跨步技巧的加速与再加速。

动作顺序

一开始，后腿用力推，膝关节向前上方驱动，以便在着地之前尽可能达到最大高度与距离（如图a~图e所示）。在落地时重复训练（用另一条腿驱动）。踝关节锁定在背屈姿势，脚跟向上，置于髋部下方，以减少地面接触时间，并提高接下来进行起跳时髋关节抛射的效率。可以像跑步一样上挥对侧手臂，也可以双臂同时上摆。

63

▶ 对角线交换跳

简介

这个训练是常规交换跳的一种变式，可以帮助练习爆发性切入动作（以外侧脚定位横向改变方向）。该训练可以提高向前或斜方跳跃的距离。

起始姿态

以舒服的姿势站立，迈步准备时，一只脚比另一只脚稍微靠前。手臂放松，放在身体两侧。除了从静止开始外，还有从行走或跑步开始，可以提高运动表现效率的变式。

动作顺序

一开始，后腿用力推，膝关节向前上方驱动，以便在着地之前尽可能达到最大高度与距离（如图a~图c所示）。在落地时重复训练（用另一条腿驱动）。踝关节锁定在背屈姿势，脚后跟向上，置于髋部下方，以减少地面接触时间，并提高接下来起跳时髋关节抛射的效率。可以像跑步一样对侧手臂上挥，也可以双臂同时上摆。随着运动员技能的提高，运动员可以在着地之前增加从一边到另一边的距离以及向前跳跃的距离。

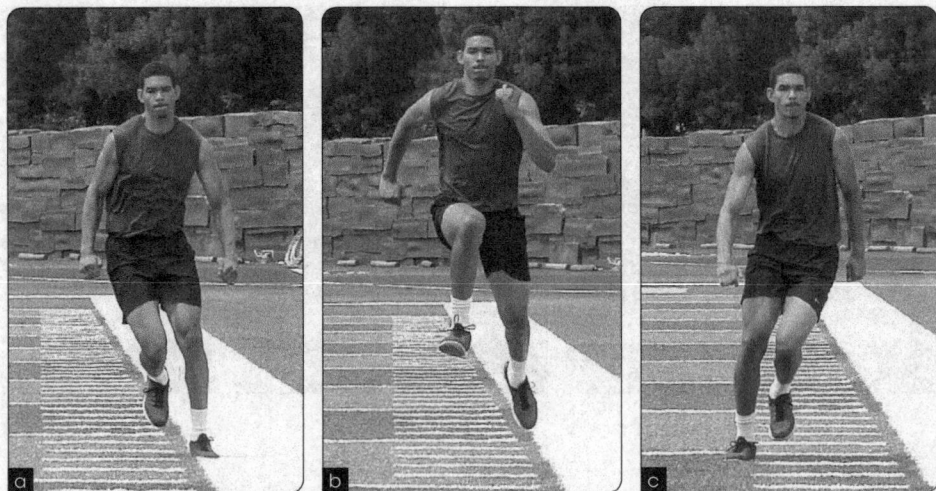

64

箱式垫步跳

简介

这个训练需要2~4个高度为8~24英寸（20~60厘米）的箱子。这是一个针对能力较强的参与者的冲力训练方式。这种训练方式可以应用到包含跳跃的运动中，例如田径、篮球和排球中。

起始姿态

将箱子以任意顺序排放，箱子之间的间距约为6~10英尺（1.8~3米）。面对箱子，站在距离第一个箱子两步远的地方。站直身体，一条腿放在另一条腿稍微靠前的位置。手臂放松，放在身体两侧。

动作顺序

后腿驱动，尝试用髋部达到尽可能高的高度。手臂上挥，向上驱动膝关节，帮助推进腿爆发性伸展（如图a和图b所示）。落到箱子上时，立刻带动另一条腿向前向上跳出最大高度及距离（如图c~图e所示）。使用这个动作的冲量，用相同的腿（在第一个箱子上着地的腿）落在第一个和第二个箱子中间，然后踏上第二个箱子（例如，垫步跳）。在剩下的箱子上继续这个训练。集中注意力，快速、最大力量推离地面与驱动膝关节，以便达到最大的起跳距离和滞空时间。

65

箱式交换跳

简介

与箱式垫步跳训练一样，使用4个高度为8~24英寸（20~60厘米）的箱子，以在特定的冲刺和跳跃肌肉组织上增加更多抵抗性负荷。因为这是一个强度较大的冲击力训练，所以适用于能力较强的运动员。能力较强的运动员具备较高的技术能力和训练成熟度。这也是为何这个训练出现在持续性统一体训练的最后部分的原因。

起始姿态

根据自身的能力和技巧，站在距离一系列箱子2~3步的位置，保持放松姿势。一只脚比另一只脚稍微靠前，做好踏步准备。手臂放松，放在身体内侧。

动作顺序

一开始，后腿用力推，膝关节向前上方驱动，以便在着地之前跳出最大高度与距离（如图a和图b所示）。在落地时就像交换跳一样重复训练（用另一条腿），不一样的是每次迈步都从箱子上开始（如图c~图e所示）。该训练侧重于着地动作和脚的位置，以便保持身躯直立，然后髋部迅速向前抛射。避免导致过度跨步或让髋关节偏离箱子的着地姿势。

66

双腿跨越跳

简介

这部分的跨越跳以渐进式的方式呈现。在训练的早期阶段，锻炼持续性，恰当的起跳和着地技巧。训练可以借助锥桶或者较小的跨栏。

起始姿态

以放松的姿势站立，双膝微屈，手臂放在身体两侧。站在3~5个间隔约3英尺（约1米）的跨栏的正前方。

动作顺序

采用快速反向跳跃方式，通过伸展髋部达到垂直高度（如图a和图b所示）。在完全伸展的情况下，将脚趾、膝关节和踝关节向上收拢以便跳过跨栏（如图c所示）。通过双臂上挥，保持身体正直姿态。在单一反应中，当跳过第一跨栏，着地时足部完全接触地面，膝关节与髋关节微屈（如图d所示）。在完成着地动作之后，暂停，接着重新调整身体姿势、站位以及与下一个跨栏之间的距离。接下来完成第二次跳跃。这个重新调整的机会可以让运动员体会刚才的着地与落地技巧。可以使用第3章详细介绍的渐进式方法进行练习：单一反应、加入暂停的多重反应和多重反应。

在多重反应中，落地的质量影响了起跳的质量。可以通过短暂的暂停来练习这些跨越跳，同时尽可能采用最佳着地姿势，接着在不需要重新调整下半身或上半身的情况下，完成第二次起跳。

67

▶ 快速双腿跨越跳

简介

这个训练可以练习腿部和髋关节肌肉的速度和爆发力，特别适用于提高跑步运动所要求的速度技巧。

起始姿态

以放松的姿势站立，双膝微屈，手臂放在身体两侧，站在3~5个间隔约3英尺（约1米）的跨栏的正前方。

动作顺序

采用快速反向跳跃方式，通过伸展髋部达到垂直高度。在完全伸展的情况下，将脚趾、膝关节和踝关节向上收拢以便跳过跨栏。通过双臂上挥，保持身体正直姿态。在每次着地时，腿部采用相同的循环动作快速向上起跳。尽可能快地执行训练，在不牺牲重复速率的情况下，尽量追求高度与距离。

68

▶ 上升高度跨越跳

简介

这个训练需要约15英尺（约5米）长的弹力管或绳子。以目测方式，将绳子的一端系在与眼睛水平高度一致的墙或杆子上，另一端系在地面的物体上。这个训练适用于所有运动，因为它可以在爆发循环动作中提高稳定性。

起始姿态

双脚并拢，保持放松姿势，面向墙壁或杆子，然后立即向绳子或弹力管较低的一端跳跃。准备好手臂上挥以提供升力。

动作顺序

在弹力管的前后跨越跳，尽可能高地跳过弹力管（如图a~图d所示）。膝关节对着胸部向前和向上提起，双脚在髋关节下方收拢。沿着弹力管，尽可能远地跳跃，完成训练组合。

69

▶ 侧向跨越跳

简介

这个训练需要2个高度为18~26英寸（46~66厘米）的锥桶。这个动作特别适用于提高腿部和髋关节的横向爆发力。这个训练适用于所有具有横向动作的运动。

起始姿态

2个锥桶之间的间距约为2英尺（约61厘米），可以随着能力水平的提高逐渐扩大该距离。在锥桶外侧采取放松正直站姿（如图a所示）。双脚并拢，指向前方，准备击发手臂，以便提供升力同时保持平衡。

动作顺序

双脚从第1个锥筒上方侧向跳（如图b~图d所示），接着跳过第2个锥桶。在毫不迟疑的情况下，改变跳跃方向，向后跳过第2个锥桶，接着跳过第1个锥桶。按照这个顺序来回训练。手臂爆发性上挥，提供升力并保持姿态。

70

侧向跨越跳＋冲刺

简介

这个训练需要袋子、较低的长凳、拦截人偶（橄榄球）或其他可供跨越跳的物体。通过将一系列的跨越跳与短程加速全力冲刺结合在一起，从而加强快速转变方向所需的协调性。可以将这个训练应用到能够改变方向的网球、篮球、棒球、足球和其他运动中。

起始姿态

双脚并拢，站在袋子的一侧，双脚指向前方。在渐进式训练较高级别的练习中，运动员可以背靠着袋子站立，脚趾指向远离袋子的方向。

动作顺序

一开始按照指定的重复次数（接近6次）向袋子侧面来回跳跃（如图a~图d所示），尽可能快速且有效地完成跳跃动作。训练的基本目的是练习频率，而不是练习跳跃高度。保持躯干与髋关节居中在袋子上方，因为姿态是实现最佳训练最重要的因素。在最后一次重复时预判着地，以冲刺的起跑姿势着地，加速向前冲过终点线（如图e所示）。几名训练者可以使用多个袋子进行比赛，最先完成指定跳跃次数的训练者占据最先完成训练的优势。

71

对角线跨越跳

简介

最好在具有多个斜角的箱子或类似的设备上进行这个训练。这些箱子或设备必须固定在地面，在训练者跳跃的过程中不会移动。对角线跨越跳可以提高平衡和横向移动。这个训练适用于高山滑雪、网球、美式橄榄球、体操以及其他运动。

起始姿态

在箱子的一角以放松的姿势站立。

动作顺序

有顺序地从箱子的一侧横向跨越跳到另一侧。这个训练的重点是快速从一侧向另一侧及向前跳跃（如图a~图c所示）。在跳跃的顶点，向身体方向收起膝关节（如图d所示）。随着技能的提高，可以逐渐过渡到不同角度的箱子。手臂上挥以保持平衡。

72

▶ 单腿原地跳

简介

这个训练可以提高从踝关节到髋关节的着地和起跳技巧。这个基础的单腿原地跳练习有助于锻炼或恢复弹跳姿势以及地面接触动作。正如前面的章节所提到的，这个训练对于从直立姿势——直接从接触点向下引导冲刺时地面的反冲力，到地面来说很重要。

起始姿态

垂直站立，一条腿的膝关节屈曲并提高到髋关节的位置，脚尖回勾，锁定踝关节。膝关节必须在髋关节水平位置上方，脚跟在支撑腿膝关节前面。

动作顺序

屈曲，然后向上和向前伸展支撑腿（如图a和图b所示）。每一次都必须让足部完全着地，胫骨和身体的重量在脚背上方（如图c所示）。每一次着地和起跳时，大腿和髋关节都必须抬得很高，而不是膝关节（如果膝关节抬得高，意味着落地时主要是脚趾着地）。可以光脚在目标（平面）上以足部完全接触地面的方式着地，以便保持着地稳定性。向前单腿原地跳的变式包括每条腿侧向、前后起跳和着地。如果姿势逐渐不稳定了，那么可能是重复训练要求的高度过高或者跳跃的距离太远。

73

▶ 单腿踢臀跳

简介

这个训练对于所有冲刺和单腿跳跃运动都很重要。同时，它还可以评估单腿应对姿态、平衡性、稳定性和柔韧性。

起始姿态

站直，双膝微屈，挺胸，收肩。提起一条腿，将脚跟向上推到髋关节的位置，脚跟向上并处于腘绳肌下方。正如之前所提到的，这个姿势对于训练完整的冲刺技巧很重要。

动作顺序

采用快速反向跳跃方式，尽量向高处伸展髋关节（如图a~图c所示）。在完全伸展时，收拢起跳腿的脚趾和脚跟，就像抵住墙壁一样，这样就必须将脚跟向上滑。向上和向前提起膝关节，达到与另一条腿的膝关节相同的位置。通过上挥双臂，保持姿势和站直。用一条腿练习所有的重复动作，然后换另一条腿继续练习。可以使用第3章详细介绍的渐进式方法进行练习：单一反应、加入暂停的多重反应以及多重反应。

74

单腿跨越跳

简介

双腿跨越跳的目的是达到跨越跳最后的高级形式——单腿跨越跳。对于单腿从一排小锥桶或小型跨栏上起跳并着地来说，姿态、平衡性、稳定性和柔韧性甚至更为重要。

起始姿态

以放松的姿势站立，双膝微屈，手臂放在身体两侧。完全依靠一条腿保持身体平衡，另一条腿保持弯曲，脚趾朝上，膝关节在身体前方并保持在髋关节水平位置，脚跟向上置于腘绳肌下方（如图a所示）。

动作顺序

使用摆动腿的反作用力提腿并向上驱动，在完全伸展的情况下，将脚趾、膝关节和脚跟向上收拢以便跳过锥桶或小型跨栏（如图b~图d所示）。通过手臂上挥，保持姿势和站直。在每一次着地时，快速向上起跳，并再次采用相同的腿部循环动作。尽可能快地执行训练，在不牺牲重复速率的情况下，追求高度与距离。

75

▶ 快速单腿跨越跳

简介

这个多重反应跨越跳是锻炼爆发性、反应性和循环冲刺动作的终极训练。这项技能的要求与单腿跨越跳一样。

起始姿态

以放松的姿势站立，双膝微屈，手臂放在身体两侧。完全依靠一条腿保持身体平衡，另一条腿保持弯曲，脚趾朝上，膝关节在身体前方并保持在髋关节水平位置，脚跟向上置于腘绳肌下方。

动作顺序

采用快速且完全爆发性的循环动作，通过这个多重反应动作达到一定的高度和距离。快速反向跳跃，垂直方向伸展髋关节。在完全伸展的情况下，将脚趾、膝关节和脚跟向上收拢。通过手臂上挥，保持姿势和站直。在每次着地时，站立腿采用相同的动作快速向上起跳。尽可能快速地执行训练。想要达到最佳动作执行，需要做到踝关节锁定，脚跟向上以及快速恢复动作。

76

对角线单腿跨越跳

简介

这个训练比之前的直线向前单腿跨越跳渐进式训练的压力负荷要稍微高一些，因为在执行这些起跳和着地时必须保持横向稳定性。

起始姿态

在一排小锥桶（15~30厘米）或可折叠的跨栏一侧站立，保持放松，双膝微屈，手臂放在身体两侧。完全依靠一条腿保持身体平衡，另一条腿保持弯曲，脚趾朝上，膝关节在身体前方并保持在髋关节水平位置，脚跟向上置于腘绳肌下方（如图a所示）。

动作顺序

在起跳之前，将髋关节沿对角线抛射到内侧或外侧45°角的位置，沿着锥筒线向前（如图b~图d所示）。先跳到外侧，再回到内侧，最后连续前后交叉训练。

77

侧向单腿跨越跳

简介

这是一个锻炼侧向移动及提高运动中爆发性、快速切入的极佳动作。

起始姿态

双膝微屈，手臂放松地放在身体两侧，以站立姿势站在一排小锥桶或想象的跨栏一侧，身体与锥桶或跨栏保持垂直。完全依靠单腿保持身体平衡，另一条腿保持弯曲，脚趾朝上，膝关节在身体前方并保持在髋关节水平位置，脚跟向上置于腘绳肌下方（如图a所示）。

动作顺序

在起跳时，将髋关节直接抛射到起跳点的一侧。接着，垂直提起腿部，并以类似活塞的腿部动作跳过锥桶或小型跨栏。训练的关键之处是髋部保持在屈曲跨越跳腿时的正直姿态控制，而不是膝关节后侧（如图b~图d所示）。循序渐进地练习，先跳到外侧，再回到内侧，最后连续前后交叉训练。

78

下斜坡跨越跳

简介

使用倾斜度为1~3度的草山（注意：不要在台阶、看台或潮湿光滑的表面进行这个训练）。这个训练可以通过增加肌肉的冲击力和下降速度来发展下半身的弹性反应。

起始姿态

身体面向落下线，在斜坡顶保持四分之一半蹲姿势。

动作顺序

像其他向前跨越跳动作一样，练习这个动作。通过尽量增加垂直高度及足部向上收拢以跳过想象中沿着斜坡向下放置的膝部高度的跨栏，来完成跨越跳（如图a~图c所示）。在有坡度的表面练习跳跃要求进一步强调重复的频率和动作的速度，因此，只有在掌握了之前所有的跳跃训练之后，才能进行这个训练。

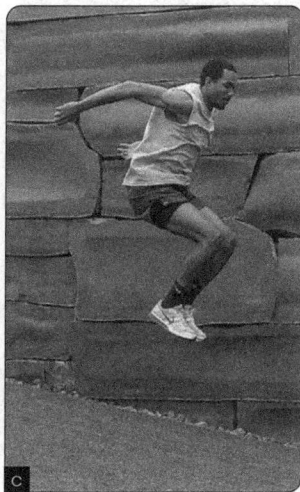

弹跳

79

上斜坡弹跳

简介

这个训练需要一组楼梯或体育馆台阶。楼梯必须很坚固，没有任何开口，这样才不会卡住脚趾和脚。这个项目在无负荷，或超速的情况下训练反射速度，适合所有涉及快速步法的运动。

起始姿态

站在台阶下方，面对台阶，以放松的姿势站立，双脚并拢，手臂放在身体两侧，击发手肘。

动作顺序

在保证不跌倒的情况下，尽可能以最快的频率快速跳过每一个台阶（如图a~图c所示）。使用手臂保持身体平衡，竖起拇指，增强每一步跑动的爆发力。这个训练最重要的就是锻炼速度，因此必须注意放松。在每越过1级台阶时快速预判跨越跳及跨步。想象自己步伐轻盈。变化的弹跳训练包括冲向右边或左边的台阶或完全面向台阶的一侧。可以采用双脚并拢、卡里奥卡步方式、四步动作流程或者单腿（对于能力比较强的运动员）来练习弹跳。

第 3 部分

快速伸缩复合训练方案

第8章

复合训练

复合训练是力量与速度的结合，或者说为了训练运动爆发力，综合考虑训练负荷、速度以及不同训练类型。这种训练要求运动员进行生物力学和运动特性（特别是速度）方面的练习，而且这些练习还必须针对运动员的运动项目。奥运会类型的举重要求运动员运用全身的多个关节，并使用高度同步的负载和速度。这种举重类型适用于运动及体育活动的生物力学。这种训练模式应当应用于训练早期——当动态运动处于最佳状态，并提前于任何高负荷、缓慢或单关节孤立动作。这种训练可以提供更强的运动强度和速度，同时还包含多关节组合（Ebben & Blackard，1997）。本章将同时阐述复合性及组合训练的定义和例子，以及它们在计划设计中的应用。

关于复合训练的定义已存在很多年。在1966年，沃克霍山斯基根据原则将它描述为一系列的训练组合。这个原则指发展反应能力的基本练习。通过这些需要强爆发力的训练可以提高中枢神经系统（CNS）的应激性。在1986年，弗莱克（Fleck）和孔托尔（Kontor）将复合训练描述为一组通过一系列按顺序执行的训练，来提高更快产生爆发力的能力。朱（Chu）提出的定义是，它是为达到最佳训练效果组合力量与速度锻炼的训练系统（Chu，1996）。布莱卡德（Blakard）和埃本（1997）将复合训练解释为把运动力学上相似的高负荷负重练习以及快速伸缩复合练习，在一次训练中一组一组地交替。他们认为这是一种锻炼专项爆发力的方便且最佳训练策略。举重训练组合中的负载可以补充随后的弹性反应训练组合，从而提高运动员神经肌肉的适应性。

我们对复合训练的定义是按照组合方式交替执行两种练习类型的训练（例如，在一组练习之后再进行另一组的练习）。另一方面，组合训练被定义为在一个训练组重复交替两种练习类型。例如，我们认为在一组内进行三次高翻与挺举是组合训练（高翻与挺举两个动作同时进行），即运动员进行一次高翻之后，将杠铃挺举，然后重复此循环两次。而如果运动员分开完成三次高翻，再完成三次挺举，这就变成了复合训练（先做完所有高翻动作，再完成挺举）（Gambetta & Radcliffe，1989）。

复合训练方法还可以包含组合两种动作模式相近的练习，但是这两种练习在绝对或相对力量（速度并不是一个因素）以及弹性（速度和反弹能力）方面存在差异。埃本和布莱卡德（1997）认为，两种相似的生物力学练习就是复杂的配对运动；再包含第三个类似的练习就可以形成复合三位一体练习。

关于这些力量方面的详细定义，可以参考第2章中的内容。我们所知道的绝对力量和弹性力量的复合体（重量和快速伸缩复合训练）是深蹲后进行跳跃，推起后进行传递，推拉训练后进行抛投或投掷，弓箭步训练后进行交换跳或跳跃。

以下是一些组合力量和速度练习流程的例子。

（杠铃后蹲＋蹲跳）×4次

重复练习4次杠铃后蹲，接着完成4次重复蹲跳，然后休息。增加杠铃的重量，然后按照以上流程完成三组练习。最后，你可以用一个较轻的负荷来做蹲跳，例如一个25磅（约10千克）的沙袋。练习刚开始的时候无需负重。

［斜板推举或卧推＋药球胸前传球（保持相同的高度）］×5次

在一组中，重复练习5次斜板推举，接着使用重量为7~15磅（3~7千克）的药球完成5次重复药球胸前传球，然后休息。如果需要增加重复练习的强度，可以增加杠铃的负重，然后重复练习流程。但是，不要增加药球的重量。

复合训练的工作原理

复合训练的基本原理相对简单。参与者表示，复合训练具有以下优点：

- 在练习期间可以更好地利用时间
- 在训练场地可以更好地利用地板和练习空间
- 更高效地使用设备（例如，杠铃、哑铃和药球）
- 增加有质量的训练量（注重每一组和每一次的爆发力训练）
- 增加练习和训练循环的变化
- 提高新陈代谢能力

第1章强调了力量训练以及力量发展率（RFD）的概念。单独的力量练习在这个过程中并不是很有用，特别是在将负重深蹲的发力时间与运动场接触时间的发力速度进行比较的时候。力量发展速率以及涉及的肌肉神经成分（IIx类肌纤维）需要组合力量以及弹性反应训练。

在一些组合力量和弹性的训练日中，力量、速度和弹性组合训练可以高效地利用时间和各种设施。通过这种方式，复合训练可以做到更好的神经肌肉募集以及RFD的后续提高。这个概念指的是，在将生理力学方面相似的动作组对之后，抗阻练习可以刺激中枢神经系统发出更强的反应，为爆发力练习募集更多的IIx类型的肌肉纤维。

许多研究人员和参与者都按照以下方式描述复合训练的生理基本原理：

- 拮抗肌的预收缩对抗主动肌的抑制神经机制（Fees，1997）
- 组合训练可以产生出上乘的力量与爆发力表现，就像我们在举重运动员身上所观察到的爆发力输出和力量发展速率一样（Harris et al.，2000）
- 更广泛的肌肉刺激可以同时鼓励速度与力量的发展，这得益于运动神经元的兴奋性提升（Jones & Lees，2003）
- 中枢神经系统兴奋性提升是运动激活后增强效应的结果。重负载会刺激神经，从而提升肌肉收缩力量（French et al.，2003）

参与者必须在复合训练的力量和速度部分进行高强度训练。因此，训练量必须足够低才能应对过度疲劳。必须竭尽全力执行有限的重复训练，以确保训练的强度。每个星期可进行三次复合训练。在每次训练期间，运动员必须有足够的恢复时间（建议至少休息48小时，但是不要超过96个小时）。

专家们对于组内休息时间的意见并不统一（30秒~20分钟）。最适合运动表现提高的最佳休息时间是3~8分钟。显然，采用组合或复合训练流程的原因之一是更有效地利用时间。因此，推荐采用的最佳组内训练休息时间是1~4分钟。根据研究综述，埃本（2002）表示，4分钟是比较合适的时间分配。科明斯（Comyns）和同事们（2006）也发现了休息间隔的类似好处，同时还认可了使用单独分配休息间隔可以获得最佳运动表现。研究同时还关注了有效性。在14项研究里，就有11项研究指出了复合训练制度的积极效果。其中2项研究证明没有效果，只有1项研究证明有消极效果。最近的一项关于复合训练效果的爆发力发展的研究结果表示，这个方法可能并不比单独使用力量和快速伸缩复合训练的传统方法要好。另一方面，该方法没有表现出任何不好的地方。因为复合训练可以将多个方法合并到单一的训练课程中，所以它可以提供有效的变化和高效的训练（MacDonald et al.，2013）。

这种训练风格的益处是有组织性的，尽管这种提高似乎只有坚持一段时间的训练才会显现出来。应用的前提条件是需要具备良好的力量及快速伸缩复合训练（在持续统一体上）水平（Duthie, Young & Aitken，2002）。

在复合训练方法的练习中，最重要的可能是理解两个配对练习的生物力学要求，然后按照渐进的方式进行训练。正如图8.1所述的，有些力量和速度（或力量与速度的对抗）特性可以与生物力学性质、力量应用的方向以及反应性响应方式组合到一起。

```
                    ┌──────────────────┐
                    │    力量与速度      │
                    └──────────────────┘
        ┌──────────────────┼──────────────────┐
┌──────────────┐    ┌──────────────┐    ┌──────────────┐
│    跳跃       │    │    组合       │    │   交换跳      │
│    抛投       │ ─► │  力量/速度    │ ◄─ │   跨越跳      │
│    投掷       │    │              │    │              │
└──────────────┘    └──────────────┘    └──────────────┘
┌──────────────┐    ┌──────────────┐    ┌──────────────┐
│  在恰当的位置  │    │   深蹲/跳跃   │    │   髋关节提起   │
│   单一反应    │    │   推/抛投     │    │   多方向      │
│  抵抗性超负荷  │    │   拉/传送     │    │   多重反应     │
│    设施      │    │  弓箭步/交换跳 │    │    耦合      │
└──────────────┘    └──────────────┘    └──────────────┘
```

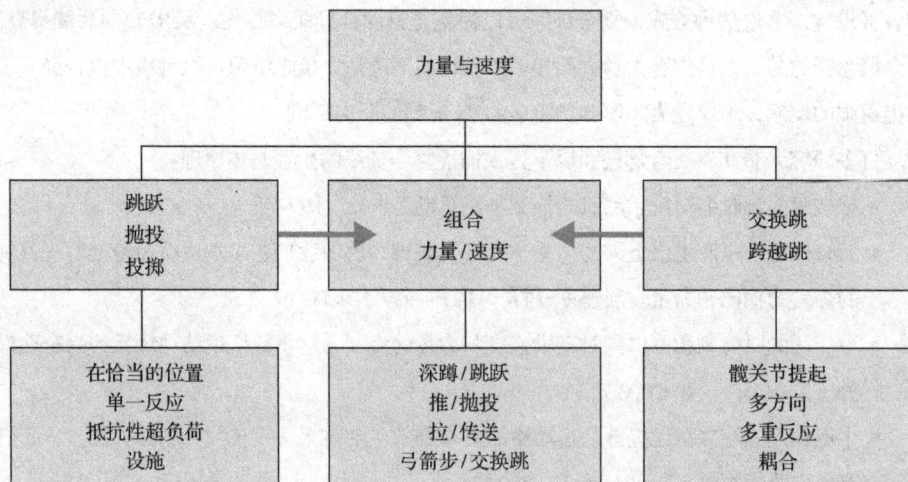

图8.1 概念组合

设计复合训练

　　与所有的训练形式一样，一个计划好的训练规章，或训练周期模型，可以辅助最大化渐进式能力提高。在训练和比赛期间、阶段和周期内的某段时间采用复合训练是非常有价值的。如果复合训练在技巧和生物发展训练之前进行，那么这个训练可能无法发挥很好的作用。例如，当运动员在相当高负载的情况下达到良好的深蹲技巧之前，或者在运动员以非常高质量的水平执行跳跃技巧之前，将深蹲和跳跃练习组合到训练中，此时组合训练不会有非常好的效果。正如前面章节所述，当力量训练和快速伸缩复合训练两者相结合时，恰当的计划和渐进式训练可以带来更好的能力表现。

　　在为了提高能力的全年训练计划中，季后赛、休赛期和季前赛训练期间，都可以采用渐进训练方式。因为在赛季后期及休赛期可以获得特定的技巧发展，因此比赛前的训练期是进行复合训练的最佳时期。

训练方法

　　在了解了复合训练方法这个概念的定义，以及何时、如何和为何采用组合训练方法之后，就可以列出一系列可用的训练组合方式。但是，我们必须牢记，这个过程的主要目标之一是最大化训练的高效性。如果只是为了使我们的训练计划变得复杂而烦琐，那么最终会减缓甚至抵消训练的积极影响。与训练目标保持一致才是训练的关键。根据这一点，了解以下一些关于复合和组合训练的分类和模式。

举重复合训练

举重复合训练是在相同的一个训练组中进行两种或者更多的动作。以下的复合训练提供了关于各种拉、蹲和推等动作的训练例子，同时还阐述了这些训练是如何相互影响来帮助实现运动同步的。

拉－蹲

双腿或单腿早安式练习；过顶深蹲或颈后深蹲，弓箭步或蹬踏

双腿或单腿硬拉；过顶深蹲或颈前深蹲，弓箭步或蹬踏

高翻；颈前深蹲，弓箭步或蹬踏

抓举；过顶深蹲，弓箭步或蹬踏

蹲－推

过顶深蹲或弓箭步；推举或挺举

颈前深蹲，弓箭步或蹬踏；推举或挺举

颈后深蹲，弓箭步或蹬踏；推举或挺举

推－蹲

颈后推举或颈前推举；深蹲，弓箭步或蹬踏

颈后挺举或颈前挺举；深蹲，弓箭步或蹬踏

拉－推

双腿或单腿早安式练习；颈后推举或颈后挺举

双腿或单腿硬拉；颈前推举或颈前挺举

高翻；颈前推举或颈前挺举

抓举；颈后推举或颈后挺举

拉－蹲－推或拉－推－蹲

双腿或单腿早安式练习；颈后推举或颈后挺举；过顶深蹲，弓箭步或蹬踏

双腿或单腿硬拉；颈前推举或颈前挺举；过顶深蹲，弓箭步或蹬踏

高翻；颈前深蹲或弓箭步；推举或挺举

举重组合训练

举重组合训练包括杠铃或哑铃，以及在相同的训练组中交替重复两次或更多次的举重类型的训练。

拉－蹲

▶ 双腿或单腿早安式练习；过顶深蹲或颈后深蹲，弓箭步或蹬踏

双腿或单腿硬拉；过顶深蹲或颈前深蹲，弓箭步或蹬踏

高翻；颈前深蹲，弓箭步或蹬踏

抓举；过顶深蹲，弓箭步或蹬踏

蹲－推

过顶深蹲或弓箭步；推举或挺举

▶ 颈前深蹲，弓箭步或蹬踏；推举或挺举

颈后深蹲，弓箭步或蹬踏；推举或挺举

推－蹲

▶ 颈后推举或颈前推举；深蹲，弓箭步或蹬踏

颈后挺举或颈前挺举；深蹲，弓箭步或蹬踏

拉－推

双腿或单腿早安式练习；颈后推举或颈后挺举

双腿或单腿硬拉；深蹲，弓箭步或蹬踏

高翻；颈前推举或颈前挺举

抓举；颈后推举或颈后挺举

拉－蹲－推或拉－推－蹲

双腿或单腿早安式练习；颈后推举或颈后挺举；过顶深蹲，弓箭步或蹬踏

▶ 双腿或单腿硬拉；颈前推举或颈前挺举；过顶深蹲，弓箭步或蹬踏

高翻；颈前深蹲或弓箭步；推举或挺举

抓举；过顶深蹲或弓箭步；推举或挺举

力量和速度复合训练

在本章一开始，复合训练定义的重点就是大量力量训练和动态弹性反应训练的组合。以下是一些关于力量和速度复合训练以及训练模式的内容。

推和抛或投掷

以下动作在生物力学和动态力学上相似：

高翻或宽速拉（抓举提拉）；药球抛投或投掷

高翻或宽速拉（抓举提拉）；杠上打挺

高翻或抓举；药球抛投，投掷，鲤鱼打挺

高翻或抓举；火箭式跳跃、星式跳跃或团身跳跃

▶ 分腿抓举；分腿跳或剪式跳跃

深蹲或弓箭步以及跳跃或交换跳

以下动作在生物力学和动态力学上相似：

▶ 过顶深蹲，颈前深蹲或颈后深蹲；深蹲，火箭式跳跃或团身跳跃

过顶深蹲，颈前深蹲或颈后深蹲；双腿台阶交换跳

过顶深蹲，前弓箭步或后弓箭步；分腿跳、剪式跳或跨步跳

过顶深蹲，前弓箭步或后弓箭步；单腿台阶交换跳或弓箭步跳跃

▶ 45°角或侧向弓箭步；跨步跳；交叉或对角线或侧向（台阶）交换跳

推和传

以下动作在生物力学和动态力学上相似：

（前面或后面）推举或挺举；深蹲或方形胸前传球

分腿挺举（前面或后面）；交替负重袋击打

卧推或上斜推举；药球胸前传球或落地俯卧撑（类似角度）

哑铃交替推举；药球墙壁推球（猛推）

▶ 颈前深蹲或颈后深蹲；药球深蹲胸前传球

拉和深蹲或者推和跳跃

以下动作在生物力学和动态力学上相似：

高翻，抓举或深蹲；双腿快速跳跃

分腿抓举，弓箭步或分腿挺举；单腿快速跳跃

45°角或侧向弓箭步，对角线或侧向跳跃

拉和投

以下动作在生物力学和动态力学上相反：

▶ 高翻，抓举，或高拉；药球过顶向前投掷（跪姿或站姿）

高翻，抓举，或高拉；鲤鱼打挺或杠上打挺

复合训练方法的分类系列、子分类和类型有很多，可以根据训练目标，对这里所列出的内容进行大幅扩展或细致挑选。

我们可以使用杠铃杆或哑铃进行针对特定热身训练的举重复合和组合训练，特别是在时间非常紧的情况下（例如，在赛季训练期间）。在赛季前和赛季期间，特别适合进行负重

较重的举重复合和组合训练，因为时间是一个重要因素，最大化地协调并同步举重和运动表现十分重要。我们尝试在负重力量组合以及动态或弹性组合之间休息3分钟或4分钟的时间。当时间不够用时，诸如在赛季训练期间，力量和速度组合训练之间的时间安排如下：一组大重量少次数的练习（2~5次），接着下一个训练者调整重量（如果有需要的话）；随后进行动态或弹性组（最多30秒），接着再次调整重量；然后第三名训练者接上，重复训练流程。我们发现这是个很好的利用负荷、强度及时间的办法。

运动项目针对性训练

一个能够利用爆发力训练优势的方法就是，根据运动员的项目量身打造练习。这样做不仅可以激励运动员（因为运动员知道这些练习帮助他们提升在专项中的表现），而且还可以为个人练习和渐进式训练提供方向。运动员不可以随意改变计划，而是应该循序渐进地从一般到特殊、从简单到复杂、从较低强度到较高强度再到冲击强度地进行训练。

以下快速伸缩复合训练计划是根据压力持续统一体来制定的。每个表的第一部分都提供了可以应用于所有快速伸缩复合训练方案初期的全方位且基本强度的训练。在这之后的练习则是有项目针对性的，也被称为运动倾向性训练。这些运动可以结合基本练习，作为持续统一体的运动训练中的渐进性练习。运动员可以在12周的训练或者任意长的时间里使用任意训练计划。运动员和教练可以根据个人需要制定训练时长，以便适应其在周期性训练中的生理限制（查看第10章内容）。例如，在小学期制大学的运动员，很少能够不间断地完成12周的训练。因此，他们必须减少一周或两周的训练时间，然后按照持续统一体的进程进行训练。每一栏的训练量是按照每周两天的时间分散情况来安排的。我们将这些持续统一体的训练方案称为运动项目针对性训练。

在介绍了这些运动项目针对性训练之后，我们还将阐述一些关于基本持续统一体训练之外的特色，也就是我们所谓的"山川与河流"日常训练。这些训练根据其爆发力、稳定性及特定目标，被命名为特定的山川与河流。这些训练适用于较高水平的竞技阶段训练。

以下一系列运动和活动并没有按照特定的顺序或等级排列，它们只是一些我和我的同事们经常使用的运动。如果下面没有列出你所从事的运动，不要气馁。运动员自己最清楚自身的运动或活动。按照本书的指导原则以及以下例子，运动员可以制定针对自身的特定训练持续统一体训练方案。

足球

棒球、垒球和板球

排球

自行车运动

曲棍球

篮球和篮网球

赛艇

美式橄榄球

滑雪运动

长曲棍球

网球、短柄壁球、壁球和手球

田径

奥林匹克举重

摔跤

澳式橄榄球

为期12周的健身训练计划

表9.1~表9.21描述了针对各种不同运动的全面渐进式快速伸缩复合训练计划。每个表前面的12项训练被称为计划基础，因为这些训练针对的是所有运动项目。这些基本训练只是一个引子。随着训练周期的持续，它们的针对性和复杂性会提高。

表9.1　足球的持续性训练

基本计划内容													
训练	页码	第1周	第2周	第3周	第4周	第5周	第6周	第7周	第8周	第9周	第10周	第11周	第12周
原地跳	104	3×10	3×10	3×10	3×10								
深蹲跳	105	2×4~6	3×4~6	3×4~8									
药球上下传递，药球转体90°和药球转体180°	88,92和93	3×3	3×4	3×5	3×6	3×6							
火箭式跳跃和星式跳跃	107和108	2×4~6	2×4~6	2×4~6		3×4~6							
分腿跳和剪式跳跃	111和112	2×4~6		3×4~6	3×6~8	3×6~8	3×4~6						
垫步高抬腿	120	2×4~6	2×4~6	2×4~6	2×4~6	2×4~6							
单侧高抬腿	121	3×10	3×10	3×10	3×10	2×10	2×10	2×10	2×10	2×10	2×10	2×10	2×10

（续表）

训练	页码	第1周	第2周	第3周	第4周	第5周	第6周	第7周	第8周	第9周	第10周	第11周	第12周
基本计划内容													
快速垫步跳	122	3×10	3×10	3×10	3×10	2×10	2×10	2×10	2×10	2×10	2×10	2×10	2×10
直膝跑	125	2×4-6	3×4-6	3×4-6	3×6-8	3×6-8	3×6-8	3×6-8	3×6-8	3×6-8	2×8-10	2×8-10	2×8-10
单腿台阶交换跳	127		2×4-6	2×4-6	3×6-8		2×8-10	2×8-10		2×8-10			
侧向交换跳（单一反应）	126			2×6-10	3×6-8	3×8-10	3×8-12		3×10-12				
双腿交替台阶交换跳	130		2×6-10	3×6-8	3×8-10	3×8-12	3×8-12	3×8-12					
倾向性训练													
上斜坡弹跳	148				3×8-12	3×8-12	3×8-12		3×8-12	3×8-12			
抱膝跳	110			3×4-6	3×4-6	3×4-6	3×4-6	3×4-6	3×4-6	3×4-6			
蹬腿跳	114				3×4-6	3×4-6	3×4-6	3×4-6	3×4-6	3×4-6			
交替蹬腿跳	115					3×4-6	3×4-6	3×4-6	3×4-6	3×4-6	3×4-6		
爆发式垫步跳	123				3×4-8	3×4-8	3×4-8	3×4-8					
交换跳	131						2×4-6	3×4-6	3×6-8	3×8-10		3×8-12	
上升高度跨越跳	137						2×4-6	3×4-6	3×6-8		3×8-12		3×8-12
侧向跨越跳	138								2×4-6	3×4-6	3×6-8	3×6-10	3×6-10
渐进式单腿跨越跳	143									2×4-6		3×4-6	3×4-6
对角线单腿跨越跳	145									2×3-6	3×3-6	3×3-6	3×3-6
腿部抛投	91										3×3-6	4×3-6	4×3-6
跨步双臂过顶抛球	72										3×3-6	4×3-6	4×3-6
强度影响			较低		适中				较高			冲击		

每个计划的前几个星期都是由基本计划组成的。在大多数情况下，这些基本计划只有几项特定的运动训练。我们将这些特定的运动训练称为倾向性训练。运动员必须在相同的训练日里将它们与基本训练一起完成。最终，有些训练可能是技巧训练，甚至是热身训练。但是，在为期12周的训练计划中，这些就是运动员的训练内容。每一名教练或运动员可以添加或替换其中一些运动或活动；他们清楚自身的运动和活动，而且可以应用讨论过的原则。对于持续性，我们为基本训练和特定运动提供了12项训练。数字代表重复的组数和次数（例如，2×4~6表示一共2个训练组，每个训练组内完成4~6次重复动作）。

如上所述，运动员应当将每周的训练分散在2天内完成，最好在这2天之间还有1天或者更多天的非弹性反应训练（可以参考第3章"休息"部分的内容）。可以将每个训练一半的训练量分散到两天训练的其中一天。但是，在某些情况下，就像在3~8周阶段时，可以每周安排14~18项训练。我们发现，将训练分为基本和针对性这两部分，取得的效果很不错，或者更好，根据其当天的训练风格分组。例如，在第3周，运动员需要做11项基本计划训练，以及5~10项倾向性训练。在第1天，可以练习举重、冲刺和其他训练。在第2天，可以只练习冲刺和其他训练。在这种情况下，运动员可以选择一些匹配举重（可以将其变为复合训练）的基本训练，例如，弹跳、深蹲跳、跳箱、分腿跳或星式跳跃，或者选择冲刺训练，例如，垫步高抬腿、单侧高抬腿、跳跃或直膝跑。我们便可以将这周的训练分为垂直或水平分腿这两种类型。另一方面，按照复杂性或强度分割训练也很有用。在前期有举重与跑步的训练日中加入一些基本和倾向性练习，其他的动作放在只有跑步练习的训练日中。

表9.2 棒球、垒球和曲棍球的持续性训练

基本计划内容													
训练	页码	第1周	第2周	第3周	第4周	第5周	第6周	第7周	第8周	第9周	第10周	第11周	第12周
原地跳	104	3×10	3×10	3×10	3×10								
深蹲跳	105	2×4-6	3×4-6	3×6-8									
药球上下传递，药球转体90°和药球转体180°	88,92和93	3×3	3×4	3×5	3×6	3×6							
火箭式跳跃和星式跳跃	107和108	2×4-6	2×4-6	3×4-6		3×4-6							
分腿跳和剪式跳跃	111和112	2×4-6		3×4-6	3×6-8	3×6-8	3×4-6						
垫步高抬腿	120	2×4-6	2×4-6	2×4-6	2×4-6	2×4-6							
单侧高抬腿	121	3×10	3×10	3×10	3×10	2×10	2×10	2×10	2×10	2×10	2×10	2×10	2×10
快速垫步跳	122	3×10	3×10	3×10	3×10	2×10	2×10	2×10	2×10	2×10	2×10	2×10	2×10
直膝跑	125	2×4-6	3×4-6	3×4-6	3×6-8	3×6-8	3×6-8	3×6-8	3×6-8	3×6-8	2×8-10	2×8-10	2×8-10
单腿台阶交换跳	127		2×4-6	2×4-6	3×6-8		2×8-10	2×8-10		2×8-10			
侧向交换跳（单一反应）	126			2×6-10	3×6-8	3×8-10	3×8-12		3×10-12				
双腿交替台阶交换跳	130		2×6-10	3×6-8	3×8-10	3×8-12	3×8-12	3×8-12					

（续表）

训练	页码	第1周	第2周	第3周	第4周	第5周	第6周	第7周	第8周	第9周	第10周	第11周	第12周
倾向性训练													
杠铃扭转	94	3×8-12	3×8-12	3×8-12	3×8-12	3×8-12	3×8-12						
击打负重袋	76			3×8-12	3×8-12	3×8-12			3×8-12	3×8-12			
仰卧起坐抛球	67				3×12~20	3×12~20		3×12~20	3×12~20		3×12~20		
渐进式铲式抛球	84				3×4-6	3×4-6	3×4-6	3×4-6	3×4-6	3×4-6			
渐进式扭转抛投	95		3×6-12	3×6-12	3×6-12		3×6-12	3×6-12					
水平摆动	89		3×4-6	3×4-6	3×6-8	3×6-8		3×8-10	3×8-10				
上斜坡弹跳	148		2×6-10	2×6-10	2×6-10	3×6-12		3×6-12	3×6-12		3×6-12		
抱膝跳	110		2×4-6		3×4-6	3×4-6	3×6-8	3×6-8		3×6-8			3×6-8
双腿踢臀跳	109		2×4-6	2×4-6	3×4-6	3×4-6	3×4-6		3×6-8	3×6-8	3×6-8	3×6-8	
爆发式垫步跳	123			2×4-6	2×4-6		2×4-6			2×4-6	2×4-6	2×4-6	2×4-6
渐进式双腿跨越跳	135						2×2-4	2×3-6	2×3-6	2×3-6		2×3-6	2×3-6
侧向跨越跳	138					2×3-6		2×3-6	2×3-6	3×3-6	3×3-6	3×3-6	3×3-6
强度影响		较低			适中				较高			冲击	

表9.3 棒球投手的持续性训练

训练	页码	第1周	第2周	第3周	第4周	第5周	第6周	第7周	第8周	第9周	第10周	第11周	第12周
基本计划内容													
原地跳	104	3×10	3×10	3×10	3×10								
深蹲跳	105	2×4-6	3×4-6	3×6-8									
药球上下传递，药球转体90°和药球转体180°	88、92和93	3×3	3×4	3×5	3×6	3×6							
火箭式跳跃和星式跳跃	107和108	2×4-6	2×4-6	3×4-6		3×4-6							
分腿跳和剪式跳跃	111和112	2×4-6		3×4-6	3×6-8	3×6-8	3×4-6						
垫步高抬腿	120	2×4-6	2×4-6	2×4-6	2×4-6	2×4-6							
单侧高抬腿	121	3×10	3×10	3×10	3×10	2×10	2×10	2×10	2×10	2×10	2×10	2×10	2×10
快速垫步跳	122	3×10	3×10	3×10	3×10	2×10	2×10	2×10	2×10	2×10	2×10		2×10
直膝跑	125	2×4-6	3×4-6	3×4-6	3×6-8	3×6-8	3×6-8	3×6-8	3×6-8	3×6-8	2×8-10	2×8-10	2×8-10

（续表）

基本计划内容													
训练	页码	第1周	第2周	第3周	第4周	第5周	第6周	第7周	第8周	第9周	第10周	第11周	第12周
单腿台阶交换跳	127		2×4-6	2×4-6	3×6-8			2×8-10	2×8-10		2×8-10		
侧向交换跳（单一反应）	126			2×6-10	3×6-8	3×8-10	3×8-12		3×10-12				
双腿交替台阶交换跳	130		2×6-10	3×6-8	3×8-10	3×8-12	3×8-12	3×8-12					
倾向性训练													
上斜坡弹跳	148	3×8-12	3×8-12	3×8-12	3×8-12	3×8-12	3×8-12						
杠铃扭转	94	3×8-12	3×8-12	3×8-12	3×8-12	3×8-12		3×8-12					
渐进式扭转抛投	95	3×12-20		3×12-20	3×12-20		3×12-20	3×12-20					
推负重袋	75		3×4-6	3×4-6	3×4-6	3×4-6	3×4-6	3×4-6					
击打负重袋	76		3×6-12	3×6-12	3×6-12		3×6-12	3×6-12					
铲式抛球	84		3×4-6	3×4-6	3×6-8	3×6-8		3×8-10	3×8-10				
渐进式勺式抛球	85				3×4-6	3×4-6	3×4-6		3×6-8	3×6-8		3×6-8	
渐进式铲式抛球	84			2×4-6		3×4-6	3×4-6	3×6-8	3×6-8		3×6-8		3×6-8
渐进式过顶抛球	68~73			2×4-6	2×4-6	3×4-6	3×4-6	3×4-6		3×6-8	3×6-8	3×6-8	3×6-8
渐进式仰卧起坐抛球	67			2×10-20	2×10-20		2×10-20		2×10-20	2×10-20	2×10-20	2×10-20	2×10-20
水平摆动	89						2×8-12	2×8-12	2×8-12	2×8-12		2×8-12	2×8-12
鲤鱼打挺	99					2×3-6		2×3-6	2×3-6	2×3-6	2×3-6	2×3-6	2×3-6
强度影响		较低			适中			较高			冲击		

表9.4　排球的持续性训练

基本计划内容													
训练	页码	第1周	第2周	第3周	第4周	第5周	第6周	第7周	第8周	第9周	第10周	第11周	第12周
原地跳	104	3×10	3×10	3×10	3×10								
深蹲跳	105	2×4-6	3×4-6	3×6-8									
药球上下传递，药球转体90°和药球转体180°	88, 92和93	3×3	3×4	3×5	3×6	3×6							
火箭式跳跃和星式跳跃	107和108	2×4-6	2×4-6	3×4-6		3×4-6							

（续表）

训练	页码	第1周	第2周	第3周	第4周	第5周	第6周	第7周	第8周	第9周	第10周	第11周	第12周
基本计划内容													
分腿跳和剪式跳跃	111和112	2×4~6		3×4~6	3×6~8	3×6~8	3×4~6						
垫步高抬腿	120	2×4~6	2×4~6	2×4~6	2×4~6	2×4~6							
单侧高抬腿	121	3×10	3×10	3×10	3×10	2×10	2×10	2×10	2×10	2×10	2×10	2×10	2×10
快速垫步跳	122	3×10	3×10	3×10	3×10	2×10	2×10	2×10	2×10	2×10	2×10	2×10	2×10
直膝跑	125	2×4~6	3×4~6	3×4~6	3×6~8	3×6~8	3×6~8	3×6~8	3×6~8	3×6~8	2×8~10	2×8~10	2×8~10
单腿台阶交换跳	127		2×4~6	2×4~6	3×6~8		2×8~10	2×8~10		2×8~10			
侧向交换跳（单一反应）	126			2×6~10	3×6~8	3×8~10	3×8~12		3×10~12				
双腿交替台阶交换跳	130			2×6~10	3×6~8	3×8~10	3×8~12	3×8~12	3×8~12				
倾向性训练													
铲式抛球	84	2×4~6	2×4~6	2×4~6	3×8~12		3×8~12						
渐进式扭转抛投	95			3×8~12	3×8~12	3×8~12		3×8~12	3×8~12				
仰卧起坐抛球	67			3×12~20	3×12~20	3×12~20	3×12~20	3×12~20	3×12~20	3×12~20			
渐进式过顶抛球	68~73				3×4~6	3×4~6	3×4~6	3×4~6	3×4~6	3×4~6			
上斜坡弹跳	148		3×4~6	3×4~6	3×4~6	3×6~12	3×6~12	3×6~12	3×6~12				
侧向交换跳（单一反应）	126		3×4~6	3×4~6	3×4~6	3×4~8	3×4~8	3×4~8					
爆发式垫步跳	123			2×4~6	2×4~6	2×4~6	3×4~6	3×4~6	4×6~8	4×6~8		4×8~10	
侧向跨越跳	138					2×4~6	3×4~6	3×4~6			3×6~8		3×6~8
上升高度跨越跳	137					2×4~6	2×4~6	3×4~6		3×6~8	3×6~8	3×6~8	3×6~8
侧向跨越跳+冲刺	139						2×4~6	2×4~6		2×4~6	2×4~6	2×4~6	2×4~6
快速垫步跳	116						2-4×2	3-6×2	3-6×2	3-6×2		3-6×2	3-6×2
渐进式跳深训练	117									2×3~6		3×3~6	3×3~6
强度影响		较低			适中			较高			冲击		

表9.5 自行车（马路、环公路、轨道）的持续性训练

		基本计划内容											
训练	页码	第1周	第2周	第3周	第4周	第5周	第6周	第7周	第8周	第9周	第10周	第11周	第12周
原地跳	104	3×10	3×10	3×10	3×10								
深蹲跳	105	2×4~6	3×4~6	3×6~8									
药球上下传递，药球转体90°和药球转体180°	88，92和93	3×3	3×4	3×5	3×6	3×6							
火箭式跳跃和星式跳跃	107和108	2×4~6	2×4~6	3×4~6		3×4~6							
分腿跳和剪式跳跃	111和112	2×4~6		3×4~6	3×6~8	3×6~8	3×4~6						
垫步高抬腿	120	2×4~6	2×4~6	2×4~6	2×4~6	2×4~6							
单侧高抬腿	121	3×10	3×10	3×10	3×10	2×10	2×10	2×10	2×10	2×10	2×10	2×10	2×10
快速垫步跳	122	3×10	3×10	3×10	3×10	2×10	2×10	2×10	2×10	2×10	2×10	2×10	2×10
直膝跑	125	2×4~6	3×4~6	3×4~6	3×6~8	3×6~8	3×6~8	3×6~8	3×6~8	3×6~8	2×8~10	2×8~10	2×8~10
单腿台阶交换跳	127		2×4~6	2×4~6	3×6~8		2×8~10	2×8~10		2×8~10			
侧向交换跳（单一反应）	126			2×6~10	3×6~8	3×8~10	3×8~12		3×10~12				
双腿交替台阶交换跳	130		2×6~10	3×6~8	3×8~10	3×8~12	3×8~12	3×8~12					
		倾向性训练											
上斜坡弹跳	148		2×6~10	2×6~10	2×6~10		2×6~10	2×6~10	2×6~10				
抱膝跳	110			3×4~6	3×4~6	3×4~6		3×4~6	3×4~6	3×4~6			
单腿蹬腿跳	114				3×4~6	3×4~6	3×4~6		3×4~6	3×4~6			
交替蹬腿跳	115							3×6~8	3×6~8	3×6~8	3×6~8	3×6~8	3×6~8
渐进式双腿跨越跳	135					3×4~8	3×4~8	3×4~8		3×6~10	3×6~12	3×6~12	3×6~12
交换跳	131					2×6~10	2×6~10		3×6~8		3×6~10	3×6~10	3×6~10
渐进式单腿跨越跳	143							2×4~6	2×4~6	2×4~8		4×4~8	4×4~8
跳深训练	117										4~6×3	4~6×3	4~6×3
强度影响		较低			适中			较高			冲击		

表9.6 曲棍球的持续性训练

		基本计划内容											
训练	页码	第1周	第2周	第3周	第4周	第5周	第6周	第7周	第8周	第9周	第10周	第11周	第12周
原地跳	104	3×10	3×10	3×10	3×10								
深蹲跳	105	2×4~6	3×4~6	3×6~8									

（续表）

基本计划内容													
训练	页码	第1周	第2周	第3周	第4周	第5周	第6周	第7周	第8周	第9周	第10周	第11周	第12周
药球上下传递，药球转体90°和药球转体180°	88, 92 和93	3×3	3×4	3×5	3×6	3×6							
火箭式跳跃和星式跳跃	107和108	2×4-6	2×4-6	3×4-6		3×4-6							
分腿跳和剪式跳跃	111和112	2×4-6		3×4-6	3×6-8	3×6-8	3×4-6						
垫步高抬腿	120	2×4-6	2×4-6	2×4-6	2×4-6	2×4-6							
单侧高抬腿	121	3×10	3×10	3×10	3×10	2×10	2×10	2×10	2×10	2×10	2×10	2×10	2×10
快速垫步跳	122	3×10	3×10	3×10	3×10	2×10	2×10	2×10	2×10	2×10	2×10	2×10	2×10
直膝跑	125	2×4-6	3×4-6	3×4-6	3×6-8	3×6-8	3×6-8	3×6-8	3×6-8	3×6-8	2×8-10	2×8-10	2×8-10
单腿台阶交换跳	127		2×4-6	2×4-6	3×6-8		2×8-10	2×8-10		2×8-10			
侧向交换跳（单一反应）	126			2×6-10	3×6-8	3×8-10	3×8-12		3×10~12				
双腿交替台阶交换跳	130		2×6-10	3×6-8	3×8-10	3×8-12	3×8-12	3×8-12					
倾向性训练													
上斜坡弹跳	148			3×8-12	3×8-12	3×8-12		3×8-12	3×8-12				
抱膝跳	110			3×4-6	3×4-6	3×4-6	3×4-6	3×4-6	3×4-6				
单腿蹬腿跳	114				3×4-6	3×4-6	3×4-6	3×4-6	3×4-6	3×4-6			
交替蹬腿跳	115					3×4-6	3×4-6	3×4-6	3×4-6	3×4-6	3×4-6		
爆发式垫步跳	123				3×4-6	3×4-6	3×4-6	3×4-8	3×4-8				
交换跳	131					2×4-6	3×4-6	3×4-6	3×6-8	3×8-10		3×8-12	
上升高度跨越跳	137						2×4-6	3×4-6	3×6-8		3×8-12		3×8-12
侧向跨越跳	138								2×4-6	3×6-8	3×6-8	3×6-10	3×6-10
渐进式单腿跨越跳	143									2×4-6	3×4-6	3×4-6	3×4-6
对角线单腿跨越跳	145									2×3-6	3×3-6	3×3-6	3×3-6
腿部抛投	91										2×3-6	4×3-6	4×3-6
跨步双臂过顶抛球	72										2×3-6	4×3-6	4×3-6
强度影响		较低				适中				较高			冲击

表9.7 篮球和篮网球的持续性训练

训练	页码	第1周	第2周	第3周	第4周	第5周	第6周	第7周	第8周	第9周	第10周	第11周	第12周
基本计划内容													
原地跳	104	3×10	3×10	3×10	3×10								
深蹲跳	105	2×4-6	3×4-6	3×6-8									
药球上下传递、药球转体90°和药球转体180°	88，92和93	3×3	3×4	3×5	3×6	3×6							
火箭式跳跃和星式跳跃	107和108	2×4-6	2×4-6	3×4-6		3×4-6							
分腿跳和剪式跳跃	111和112	2×4-6		3×4-6	3×6-8	3×6-8	3×4-6						
垫步高抬腿	120	2×4-6	2×4-6	2×4-6	2×4-6	2×4-6							
单侧高抬腿	121	3×10	3×10	3×10	3×10	2×10	2×10	2×10	2×10	2×10	2×10	2×10	2×10
快速垫步跳	122	3×10	3×10	3×10	3×10	2×10	2×10	2×10	2×10	2×10	2×10	2×10	2×10
直膝跑	125	2×4-6	3×4-6	3×6-8	3×6-8	3×6-8	3×6-8	3×6-8	3×6-8	3×6-8	2×8-10	2×8-10	2×8-10
单腿台阶交换跳	127		2×4-6	2×4-6	3×6-8		2×8-10	2×8-10		2×8-10			
侧向交换跳（单一反应）	126			2×6-10	3×6-8	3×8-10	3×8-12		3×10-12				
双腿交替台阶交换跳	130		2×6-10	3×6-8	3×8-10	3×8-12	3×8-12	3×8-12					
倾向性训练													
渐进式勺式抛球	85	2×4-6	2×4-6	2×4-6	3×8-12		3×8-12						
药球转体180°	93			3×8-12	3×8-12	3×8-12		3×8-12	3×8-12				
药球胸前传球	65			3×4-6	3×4-6	3×4-6	3×4-6	3×4-6	3×4-6	3×4-6			
仰卧双臂过顶抛球	69			3×4-6	3×4-6	3×4-6	3×4-6	3×4-6	3×4-6				
侧向交换跳	126			3×4-6	3×4-6	3×4-6	3×4-6	3×4-6	3×4-6	3×4-6			
上斜坡弹跳	148			3×4-6	3×4-6	3×4-6	3×4-8	3×4-8					
渐进式双腿跨越跳	135					2×4-6	3×4-6	3×4-6	4×6-8	4×6-8		4×8-10	
侧向跨越跳	138						2×4-6	3×4-6	3×4-6		3×6-8		3×6-8
上升高度跨越跳	137							2×4-6	4×4-6	4×4-6	6×4-6	6×4-6	

（续表）

倾向性训练												
训练	页码	第1周	第2周	第3周	第4周	第5周	第6周	第7周	第8周	第9周	第10周	第11周	第12周
侧向跨越跳+冲刺	139									2~4×4-8	2~4×4-8	2~4×4-8	2~4×4-8
渐进式双腿跨越跳	135									2~4×3-6	2~4×3-6	2~4×3-6	2~4×3-6
渐进式跳深训练	117									2×3-6	3×3-6	3×3-6	
强度影响		较低			适中					较高		冲击	

表9.8 团队赛艇的持续性训练

基本计划内容												
训练	页码	第1周	第2周	第3周	第4周	第5周	第6周	第7周	第8周	第9周	第10周	第11周	第12周
原地跳	104	3×10	3×10	3×10	3×10								
深蹲跳	105	2×4-6	3×4-6	3×6-8									
药球胸前传球（跪姿）	65	2×4-6	3×4-6	3×6	3×6								2×3-5
火箭式跳跃和星式跳跃	107和108	2×4-6	2×4-6	3×4-6		3×4-6							
分腿跳和剪式跳跃	84	2×4-6		3×4-6	3×6	3×6	3×6						
垫步高抬腿	120	2×4-6	2×4-6	2×4-6	2×4-6	2×4-6							
单侧高抬腿	121	3×10	3×10	3×10	3×10	2×10	2×10	2×10	2×10	2×10	2×10	2×10	2×10
快速垫步跳	122	3×10	3×10	3×10	3×10	2×10	2×10	2×10	2×10	2×10	2×10	2×10	2×10
直膝跑	125	2×4-6	3×4-6	3×4-6	3×6-8	3×6-8	3×6-8	3×6-8	3×6-8	3×6-8	2×8-10	2×8-10	2×8-10
双腿上斜坡交换跳	128		2×4-6	2×4-6	3×6-8		3×6-8	3×6-8		3×6-8			
侧向交换跳（单一反应）	126			2×6-10	3×6-8	3×8-10	3×8-12		3×10-12				
双腿交替台阶交换跳	130		2×6-10	3×6-8	3×8-10	3×8-12	3×8-12						
倾向性训练													
勺式抛球	85	3×3-6	3×3-6		3×3-6	3×3-6	3×3-6						3×3-6
铲式抛球	84			3×3-6	3×3-6	3×3-6		3×3-6	3×3-6	3×3-6			
抱膝跳	110			3×3-6	3×3-6			3×3-6	3×3-6	3×3-6			
上升高度跨越跳	137				3×3-6	3×3-6	3×3-6		3×3-6	3×3-6	3×3-6		
杠上打挺	98				2×3-6	2×3-6	2×3-6		3×3-6	3×3-6	3×3-6		
垂直摆动	90				2×4-6	2×4-6	3×6-8		3×6-8	3×6-8		3×6-8	

（续表）

倾向性训练													
训练	页码	第1周	第2周	第3周	第4周	第5周	第6周	第7周	第8周	第9周	第10周	第11周	第12周
鲤鱼打挺	99					3×1	3×1	3×1	3×1		3×1	3×1	3×1
快速垫步跳	116				4-8×1~2	4-8×1~2	4-8×1~2	4-8×1~2		4-8×1~2	4-8×1~2	4-8×1~2	4-8×1~2
多次跳跃过顶抛球	83						2×3-6	2×3-6	3×3-6		3×3-6	3×6	3×6
快速双腿跨越跳	136						2×3-6	2×3-6	3×3-6		3×3-6	3×6	3×6
跳深训练	117									4-8×3-6	4-8×3-6	4-8×3-6	4-8×3-6
跳深跳远	119										3-6×3-5	3-6×3-5	3-6×3-5
强度影响		较低				适中			较高			冲击		

表9.9 美式橄榄球线卫的持续性训练

基本计划内容													
训练	页码	第1周	第2周	第3周	第4周	第5周	第6周	第7周	第8周	第9周	第10周	第11周	第12周
原地跳	104	3×10	3×10	3×10	3×10								
深蹲跳	105	2×4-6	3×4-6	3×6-8									
药球上下传递、药球转体90°和药球转体180°	88、92和93	3×3	3×4	3×5	3×6	3×6							
火箭式跳跃和星式跳跃	107和108	2×4-6	2×4-6	3×4-6		3×4-6							
分腿跳和剪式跳跃	111和112	2×4-6		3×4-6	3×6-8	3×6-8	3×4-6						
垫步高抬腿	120	2×4-6	2×4-6	2×4-6	2×4-6	2×4-6							
单侧高抬腿	121	3×10	3×10	3×10	3×10	2×10	2×10	2×10	2×10	2×10	2×10	2×10	2×10
快速垫步跳	122	3×10	3×10	3×10	3×10	2×10	2×10	2×10	2×10	2×10	2×10	2×10	
直膝跑	125	2×4-6	3×4-6	3×4-6	3×6-8	3×6-8	3×6-8	3×6-8	3×6-8	3×6-8	2×8-10	2×8-10	2×8-10
单腿台阶交换跳	127		2×4-6	2×4-6	3×6-8		2×8-10	2×8-10		2×8-10			
侧向交换跳（单一反应）	126			2×6-10	3×6-8	3×8-10	3×8-12		3×10-12				
双腿交替台阶交换跳	130		2×6-10	3×6-8	3×8-10	3×8-12	3×8-12						
倾向性训练													
渐进式跳远训练	118和119			3×4-6	3×4-6	3×6-8	3×6-8	3×6-8					

（续表）

倾向性训练													
训练	页码	第1周	第2周	第3周	第4周	第5周	第6周	第7周	第8周	第9周	第10周	第11周	第12周
上斜坡弹跳	148			3×8~12	3×8~12	3×8~12		3×8~12	3×8~12	3×8~12			
渐进式药球胸前传球	65				3×4~6	3×4~6	3×4~6	3×4~6	3×4~6	3×4~6			
渐进式铲式抛球	84					3×4~6	3×4~6	3×4~6	3×4~6	3×4~6	3×4~6		
抱膝跳	110				3×4~6	3×4~6	3×4~6	3×4~8	3×4~8	3×4~8			
爆发式垫步跳	123					2×4~6	3×4~6	3×4~6	4×6~8		4×6~8		4×8~10
渐进式双腿跨越跳	135					2×4~6	2×4~6	3×4~6	3×4~6	3×6~8	3×6~8	3×6~8	3×6~8
侧向跨越跳+冲刺	139								2×4~6	4×4~6	4×4~6	6×4~6	6×4~6
侧向跨越跳	138								3×4~6	3×6~8	3×6~8	3×6~8	3×6~8
交换跳	131								3×4~6	3×6~8		3×6~8	
渐进式跳深训练	117									3×3	3×3	3×3	
渐进式高度跳远	118										3×3	3×3	3×3
强度影响		较低				适中				较高		冲击	

表9.10　美式橄榄球后卫的持续性训练

基本计划内容													
训练	页码	第1周	第2周	第3周	第4周	第5周	第6周	第7周	第8周	第9周	第10周	第11周	第12周
原地跳	104	3×10	3×10	3×10	3×10								
深蹲跳	105	2×4~6	3×4~6	3×6~8									
药球上下传递，药球转体90°和药球转体180°	88，92和93	3×3	3×4	3×5	3×6	3×6							
火箭式跳跃和星式跳跃	107和108	2×4~6	2×4~6	3×4~6		3×4~6							
分腿跳和剪式跳跃	111和112	2×4~6		3×4~6	3×6~8	3×6~8	3×4~6						
垫步高抬腿	120	2×4~6	2×4~6	2×4~6	2×4~6	2×4~6							
单侧高抬腿	121	3×10	3×10	3×10	3×10	2×10	2×10	2×10	2×10	2×10	2×10	2×10	2×10
快速垫步跳	122	3×10	3×10	3×10	3×10	2×10	2×10	2×10	2×10	2×10	2×10	2×10	2×10
直膝跑	125	2×4~6	3×4~6	3×4~6	3×6~8	3×6~8	3×6~8	3×6~8	3×6~8	3×6~8	2×8~10	2×8~10	2×8~10

（续表）

基本计划内容													
训练	页码	第1周	第2周	第3周	第4周	第5周	第6周	第7周	第8周	第9周	第10周	第11周	第12周
单腿台阶交换跳	127		2×4~6	2×4~6	3×6~8		2×8~10	2×8~10		2×8~10			
侧向交换跳（单一反应）	126			2×6~10	3×6~8	3×8~10	3×8~12		3×10~12				
双腿交替台阶交换跳	130		2×6~10	3×6~8	3×8~10	3×8~12	3×8~12	3×8~12					
倾向性训练													
上斜坡弹跳	148			3×8~12	3×8~12	3×8~12		3×8~12	3×8~12				
抱膝跳	110			3×4~6	3×4~6	3×4~6	3×4~6	3×4~6	3×4~6	3×4~6			
双腿踢臀跳	109				3×4~6	3×4~6	3×4~6	3×4~6	3×4~6	3×4~6			
渐进式双腿跨越跳	135					3×4~6	3×4~6	3×4~6	3×4~6	3×4~6	3×4~6		
侧向跨越跳	138					3×4~6	3×4~6	3×4~8	3×4~8				
爆发式垫步跳	123						2×4~6	3×4~6	3×4~6	4×6~8	4×6~8	4×8~10	
交换跳	131						2×4~6	3×4~6	3×4~6		3×6~8		3×6~8
伸展垫步跳	124								2×4~6	4×4~6	4×4~6	6×4~6	6×4~6
跳深训练	117									2~4×4~8	2~4×4~8	2~4×4~8	2~4×4~8
高度跳远	118									2~4×3~6	2~4×3~6	2~4×3~6	2~4×3~6
渐进式单腿跨越跳	143										2×3~6	2×3~6	2×3~6
渐进式侧向单腿跨越跳	146										2×3~6	2×3~6	2×3~6
强度影响		较低				适中				较高		冲击	

表9.11　美式橄榄球四分卫的持续性训练

基本计划内容													
训练	页码	第1周	第2周	第3周	第4周	第5周	第6周	第7周	第8周	第9周	第10周	第11周	第12周
原地跳	104	3×10	3×10	3×10	3×10								
深蹲跳	105	2×4~6	3×4~6	3×6~8									
药球上下传递，药球转体90°和药球转体180°	88, 92和93	3×3	3×4	3×5	3×6	3×6							

（续表）

基本计划内容													
训练	页码	第1周	第2周	第3周	第4周	第5周	第6周	第7周	第8周	第9周	第10周	第11周	第12周
火箭式跳跃和星式跳跃	107和108	2×4~6	2×4~6	3×4~6		3×4~6							
分腿跳和剪式跳跃	111和112		2×4~6	3×4~6	3×6~8	3×6~8	3×4~6						
垫步高抬腿	120	2×4~6	2×4~6	2×4~6	2×4~6	2×4~6							
单侧高抬腿	121	3×10	3×10	3×10	3×10	2×10	2×10	2×10	2×10	2×10	2×10	2×10	2×10
快速垫步跳	122	3×10	3×10	3×10	3×10	2×10	2×10	2×10	2×10	2×10	2×10	2×10	2×10
直膝跑	125	2×4~6	3×4~6	3×4~6	3×6~8	3×6~8	3×6~8	3×6~8	3×6~8	3×6~8	2×8~10	2×8~10	2×8~10
单腿台阶交换跳	127		2×4~6	2×4~6	3×6~8		2×8~10	2×8~10		2×8~10			
侧向交换跳（单一反应）	126			2×6~10	3×6~8	3×8~10	3×8~12		3×10~12				
双腿交替台阶交换跳	130		2×6~10	3×6~8	3×8~10	3×8~12	3×8~12	3×8~12					
倾向性训练													
上斜坡弹跳	148	3×8~12	3×8~12	3×8~12	3×8~12	3×8~12	3×8~12						
杠铃扭转	94	3×8~12	3×8~12	3×8~12	3×8~12	3×8~12		3×8~12					
渐进式扭转抛投	95	3×12~20		3×12~20	3×12~20		3×12~20	3×12~20					
推负重袋	75		3×4~6	3×4~6	3×4~6	3×4~6	3×4~6	3×4~6					
击打负重袋	76		3×6~12	3×6~12	3×6~12		3×6~12	3×6~12					
铲式抛球	84	3×4~6	3×4~6	3×6~8	3×6~8			3×8~10	3×8~10				
渐进式勺式抛球	85				3×4~6	3×4~6	3×4~6		3×6~8	3×6~8		3×6~8	
渐进式铲式抛球	84			2×4~6		3×4~6	3×4~6	3×6~8	3×6~8		3×6~8		3×6~8
渐进式过顶抛球	68~73			2×4~6	2×4~6	3×4~6	3×4~6	3×4~6		3×6~8	3×6~8	3×6~8	3×6~8
渐进式仰卧起坐抛球	67			2×10~20	2×10~20		2×10~20		2×10~20	2×10~20	2×10~20	2×10~20	2×10~20
水平摆动	89						2×8~12	2×8~12	2×8~12	2×8~12		2×8~12	2×8~12
鲤鱼打挺	99					3×3~6		3×3~6	3×3~6	3×3~6	3×3~6	3×3~6	3×3~6
强度影响		较低			适中			较高			冲击		

表9.12 美式橄榄球弃踢手和踢球手的持续性训练

		基本计划内容											
训练	页码	第1周	第2周	第3周	第4周	第5周	第6周	第7周	第8周	第9周	第10周	第11周	第12周
原地跳	104	3×10	3×10	3×10	3×10								
深蹲跳	105	2×4~6	3×4~6	3×6~8									
药球上下传递,药球转体90°和药球转体180°	88,92和93	3×3	3×4	3×5	3×6	3×6							
火箭式跳跃和星式跳跃	107和108	2×4~6	2×4~6	3×4~6		3×4~6							
分腿跳和剪式跳跃	111和112	2×4~6		3×4~6	3×6~8	3×6~8	3×4~6						
垫步高抬腿	120	2×4~6	2×4~6	2×4~6	2×4~6	2×4~6							
单侧高抬腿	121	3×10	3×10	3×10	3×10	2×10	2×10	2×10	2×10	2×10	2×10	2×10	2×10
快速垫步跳	122	3×10	3×10	3×10	3×10	2×10	2×10	2×10	2×10	2×10	2×10	2×10	2×10
直膝跑	125	2×4~6	3×4~6	3×4~6	3×6~8	3×6~8	3×6~8	3×6~8	3×6~8	3×6~8	2×8~10	2×8~10	2×8~10
单腿台阶交换跳	127		2×4~6	2×4~6	3×6~8		2×8~10	2×8~10		2×8~10			
侧向交换跳（单一反应）	126			2×6~10	3×6~8	3×8~10	3×8~12		3×10~12				
双腿交替台阶交换跳	130		2×6~10	3×6~8	3×8~10	3×8~12	3×8~12	3×8~12					
		倾向性训练											
上斜坡弹跳	148			3×8~12	3×8~12	3×8~12		3×8~12	3×8~12				
抱膝跳	110			3×4~6	3×4~6	3×4~6	3×4~6	3×4~6	3×4~6	3×4~6			
单腿蹬腿跳	114				3×4~6	3×4~6	3×4~6	3×4~6	3×4~6	3×4~6			
交替蹬腿跳	115					3×4~6	3×4~6	3×4~6	3×4~6	3×4~6	3×4~6		
爆发式垫步跳	123				3×4~6	3×4~6	3×4~6	3×4~8	3×4~8				
交换跳	131					2×4~6	3×4~6	3×4~6	3×6~8	3×8~10		3×8~12	
上升高度跨越跳	137						2×4~6	3×4~6	3×6~8		3×8~12		3×8~12
侧向跨越跳	138								2×4~6	3×6~8	3×6~8	3×6~10	3×6~10
渐进式单腿跨越跳	143									2×4~6	3×4~6	3×4~6	3×4~6
对角线单腿跨越跳	145									2×3~6	3×3~6	3×3~6	3×3~6
腿部抛投	91									2×3~6	4×3~6	4×3~6	
跨步双臂过顶抛球	72									2×3~6	4×3~6	4×3~6	
强度影响		较低				适中				较高		冲击	

表9.13　高山滑雪的持续性训练

训练	页码	第1周	第2周	第3周	第4周	第5周	第6周	第7周	第8周	第9周	第10周	第11周	第12周
基本计划内容													
原地跳	104	3×10	3×10	3×10	3×10								
深蹲跳	105	2×4-6	3×4-6	3×6-8									
药球上下传递，药球转体90°和药球转体180°	88, 92和93	3×3	3×4	3×5	3×6	3×6							
火箭式跳跃和星式跳跃	107和108	2×4-6	2×4-6	3×4-6		3×4-6							
分腿跳和剪式跳跃	111和112	2×4-6		3×4-6	3×6-8	3×6-8	3×4-6						
垫步高抬腿	120	2×4-6	2×4-6	2×4-6	2×4-6	2×4-6							
单侧高抬腿	121	3×10	3×10	3×10	3×10	2×10	2×10	2×10	2×10	2×10	2×10	2×10	2×10
快速垫步跳	122	3×10	3×10	3×10	3×10	2×10	2×10	2×10	2×10	2×10	2×10	2×10	2×10
直膝跑	125	2×4-6	3×4-6	3×4-6	3×6-8	3×6-8	3×6-8	3×6-8	3×6-8	3×6-8	2×8-10	2×8-10	2×8-10
单腿台阶交换跳	127		2×4-6	2×4-6	3×6-8		2×8-10	2×8-10		2×8-10			
侧向交换跳（单一反应）	126			2×6-10	3×6-8	3×8-10	3×8-12		3×10-12				
双腿交替台阶交换跳	130		2×6-10	3×6-8	3×8-10	3×8-12	3×8-12	3×8-12					
倾向性训练													
上斜坡弹跳	148			3×8-12	3×8-12	3×8-12		3×8-12	3×8-12				
抱膝跳	110			3×4-6	3×4-6	3×4-6	3×4-6	3×4-6	3×4-6	3×4-6			
单腿蹬腿跳	114				3×4-6	3×4-6	3×4-6	3×4-6	3×4-6	3×4-6			
交替蹬腿跳	115					3×4-6	3×4-6	3×4-6	3×4-6		3×4-6		
快速垫步跳	116				3×4-6	3×4-6	3×4-6	3×4-8	3×4-8				
双腿上斜坡交换跳	128					2×4-6	3×4-6	3×4-6	4×6-8	4×6-8		4×8-10	
交换跳	131						2×4-6	3×4-6	3×6-8		3×8-12		3×8-12
渐进式双腿跨越跳	135								2×4-6	3×6-8	3×6-8	3×6-10	3×6-10
侧向跨越跳	138									2×4-6	3×4-6	3×4-6	3×4-6
上升高度跨越跳	137									2×3-6	3×3-6	3×3-6	3×3-6
渐进式单腿跨越跳	143										2×3-6	4×3-6	4×3-6
对角线单腿跨越跳	145										2×3-6	4×3-6	4×3-6
强度影响		较低			适中				较高			冲击	

第9章 运动项目针对性训练

表9.14 越野滑雪的持续性训练

训练	页码	第1周	第2周	第3周	第4周	第5周	第6周	第7周	第8周	第9周	第10周	第11周	第12周
基本计划内容													
原地跳	104	3×10	3×10	3×10	3×10								
深蹲跳	105	2×4~6	3×4~6	3×6~8									
药球上下传递,药球转体90°和药球转体180°	88,92和93	3×3	3×4	3×5	3×6	3×6							
火箭式跳跃和星式跳跃	107和108	2×4~6	2×4~6	3×4~6		3×4~6							
分腿跳和剪式跳跃	111和112	2×4~6		3×4~6	3×6~8	3×6~8	3×4~6						
垫步高抬腿	120	2×4~6	2×4~6	2×4~6	2×4~6	2×4~6							
单侧高抬腿	121	3×10	3×10	3×10	3×10	2×10	2×10	2×10	2×10	2×10	2×10	2×10	2×10
快速垫步跳	122	3×10	3×10	3×10	3×10	2×10	2×10	2×10	2×10	2×10	2×10	2×10	2×10
直膝跑	125	2×4~6	3×4~6	3×4~6	3×6~8	3×6~8	3×6~8	3×6~8	3×6~8	3×6~8	2×8~10	2×8~10	2×8~10
单腿台阶交换跳	127		2×4~6	2×4~6	3×6~8		2×8~10	2×8~10		2×8~10			
侧向交换跳（单一反应）	126		2×6~10	3×6~8	3×8~10	3×8~12			3×10~12				
双腿交替台阶交换跳	130		2×6~10	3×6~8	3×8~10	3×8~12	3×8~12	3×8~12					
倾向性训练													
渐进式仰卧起坐抛球	67	2×3~6	3×3~6	3×5~8	3×6~12	3×6~12	3×6~12						
垂直摆动	90		3×6~12	3×6~12	3×6~12	3×6~12	3×6~12						
摆臂	74			3×6~12	3×6~12	3×6~12	3×6~12	3×6~12	3×6~12	3×6~12			
上斜坡弹跳	148			3×8~12	3×8~12	3×8~12		3×8~12	3×8~12				
抱膝跳	110		3×4~6	3×4~6	3×4~6	3×4~6	3×4~6	3×4~6	3×4~6				
单腿蹬腿跳	114			3×4~6	3×4~6	3×4~6	3×4~6	3×4~6	3×4~6				
交替蹬腿跳	115					3×4~6	3×4~6	3×4~6	3×4~6	3×4~6			
快速垫步跳	116				3×4~6	3×4~6	3×4~8	3×4~8					
双腿上斜坡交换跳	128					2×4~6	3×4~6	3×4~6	4×6~8	4×6~8		4×10	
交换跳	131						2×4~6	3×4~6	3×6~8		3×8~12		3×8~12
渐进式单腿跨越跳	143										2×3~6	4×6	4×6
对角线单腿跨越跳	145										2×3~6	4×3~6	4×3~6
强度影响		较低			适中					较高		冲击	

176

表9.15 长曲棍球的持续性训练

训练	页码	第1周	第2周	第3周	第4周	第5周	第6周	第7周	第8周	第9周	第10周	第11周	第12周
基本计划内容													
原地跳	104	3×10	3×10	3×10	3×10								
深蹲跳	105	2×4~6	3×4~6	3×6~8									
药球上下传递,药球转体90°和药球转体180°	88,92和93	3×3	3×4	3×5	3×6	3×6							
火箭式跳跃和星式跳跃	107和108	2×4~6	2×4~6	3×4~6		3×4~6							
分腿跳和剪式跳跃	111和112	2×4~6		3×4~6	3×6~8	3×6~8	3×4~6						
垫步高抬腿	120	2×4~6	2×4~6	2×4~6	2×4~6	2×4~6							
单侧高抬腿	121	3×10	3×10	3×10	3×10	2×10	2×10	2×10	2×10	2×10	2×10	2×10	2×10
快速垫步跳	122	3×10	3×10	3×10	3×10	2×10	2×10	2×10	2×10	2×10	2×10	2×10	2×10
直膝跑	125	2×4~6	3×4~6	3×4~6	3×6~8	3×6~8	3×6~8	3×6~8	3×6~8	3×6~8	2×8~10	2×8~10	2×8~10
单腿台阶交换跳	127		2×4~6	2×4~6	3×6~8		2×8~10	2×8~10		2×8~10			
侧向交换跳（单一反应）	126			2×6~10	3×6~8	3×8~10	3×8~12		3×10~12				
双腿交替台阶交换跳	130		2×6~10	3×6~8	3×8~10	3×8~12	3×8~12	3×8~12					
倾向性训练													
上斜坡弹跳	148			3×8~12	3×8~12	3×8~12		3×8~12	3×8~12				
抱膝跳	110			3×4~6	3×4~6	3×4~6	3×4~6	3×4~6	3×4~6				
单腿蹬腿跳	114				3×4~6	3×4~6	3×4~6	3×4~6	3×4~6				
交替蹬腿跳	115					3×4~6	3×4~6	3×4~6	3×4~6	3×4~6			
爆发式垫步跳	123				3×4~6	3×4~6	3×4~6	3×4~8	3×4~8				
交换跳	131					2×4~6	3×4~6	3×6~8	3×8~10		3×8~12		
上升高度跨越跳	137						2×4~6	3×4~6	3×6~8		3×8~12		3×8~12
侧向跨越跳	138							2×4~6	3×6~8	3×6~8	3×6~10	3×6~10	
渐进式单腿跨越跳	143									2×4~6	3×4~6	3×4~6	3×4~6
对角线单腿跨越跳	145									2×3~6	3×3~6	3×3~6	3×3~6
腿部抛投	91										2×3~6	4×3~6	4×3~6
跨步双臂过顶抛球	72										2×3~6	4×3~6	4×3~6
强度影响		较低			适中			较高			冲击		

表9.16 网球、短柄壁球、壁球和手球的持续性训练

训练	页码	第1周	第2周	第3周	第4周	第5周	第6周	第7周	第8周	第9周	第10周	第11周	第12周
基本计划内容													
原地跳	104	3×10	3×10	3×10	3×10								
深蹲跳	105	2×4~6	3×4~6	3×6~8									
药球上下传递，药球转体90°和药球转体180°	88, 92和93	3×3	3×4	3×5	3×6	3×6							
火箭式跳跃和星式跳跃	107和108	2×4~6	2×4~6	3×4~6		3×4~6							
分腿跳和剪式跳跃	111和112	2×4~6		3×4~6	3×6~8	3×6~8	3×4~6						
垫步高抬腿	120	2×4~6	2×4~6	2×4~6	2×4~6	2×4~6							
单侧高抬腿	121	3×10	3×10	3×10	3×10	2×10	2×10	2×10	2×10	2×10	2×10	2×10	2×10
快速垫步跳	122	3×10	3×10	3×10	3×10	2×10	2×10	2×10	2×10	2×10	2×10	2×10	2×10
直膝跑	125	2×4~6	3×4~6	3×4~6	3×6~8	3×6~8	3×6~8	3×6~8	3×6~8	3×6~8	2×8~10	2×8~10	2×8~10
单腿台阶交换跳	127		2×4~6	2×4~6	3×6~8		2×8~10	2×8~10		2×8~10			
侧向交换跳（单一反应）	126			2×6~10	3×6~8	3×8~10	3×8~12		3×10~12				
双腿交替台阶交换跳	130		2×6~10	3×6~8	3×8~10	3×8~12	3×8~12	3×8~12					
倾向性训练													
渐进式过顶抛球	68~73		2×3~6	2×3~6	2×3~6	2×3~6		2×3~6	2×3~6				
扭转抛投	95			3×4~6	3×4~6	3×4~6	3×4~6	3×4~6	3×4~6	3×4~6			
交替蹬腿跳	115			3×4~6	3×4~6	3×4~6	3×4~6	3×4~6	3×4~6				
击打负重袋	76					3×4~6	3×4~6	3×4~6	3×4~6	3×4~6	3×4~6		
水平摆动	89				2×4~6	2×4~6	3×4~6	3×4~8	3×6~10				
渐进式单腿跨越跳	143					2×4~6	3×4~6	3×4~6	3×6~8	3×8~10		3×8~12	
侧向跨越跳	138						2×4~6	3×4~6	3×6~8		3×6~8		3×6~8
侧向跨越跳+冲刺	139								2×4~6	3×4~6	3×4~6	3×4~6	3×4~6
侧向交换跳（多重反应）	126									2×4~6	3×4~6	3×4~6	3×4~6
渐进式单腿跨越跳	143									2×3~6	3×3~6	3×3~6	3×3~6
对角线单腿跨越跳	145										2×3~6	3×3~6	3×3~6
多次跳跃过顶抛球	83和86									2×3~6	2×3~6	2×3~6	2×3~6
强度影响		较低				适中				较高		冲击	

表9.17 田径（冲刺、跳跃、跨栏）的持续性训练

		基本计划内容											
训练	页码	第1周	第2周	第3周	第4周	第5周	第6周	第7周	第8周	第9周	第10周	第11周	第12周
原地跳	104	3×10	3×10	3×10	3×10								
深蹲跳	105	2×4-6	3×4-6	3×6-8									
药球上下传递，药球转体90°和药球转体180°	88,92和93	3×3	3×4	3×5	3×6	3×6							
火箭式跳跃和星式跳跃	107和108	2×4-6	2×4-6	3×4-6		3×4-6							
分腿跳和剪式跳跃	111和112	2×4-6		3×4-6	3×6-8	3×6-8	3×4-6						
垫步高抬腿	120	2×4-6	2×4-6	2×4-6	2×4-6	2×4-6							
单侧高抬腿	121	3×10	3×10	3×10	3×10	2×10	2×10	2×10	2×10	2×10	2×10	2×10	2×10
快速垫步跳	122	3×10	3×10	3×10	3×10	2×10	2×10	2×10	2×10	2×10	2×10	2×10	2×10
直膝跑	125	2×4-6	3×4-6	3×4-6	3×6-8	3×6-8	3×6-8	3×6-8	3×6-8	3×6-8	2×8-10	2×8-10	2×8-10
单腿台阶交换跳	127		2×4-6	3×6-8		2×8-10	2×8-10		2×8-10				
侧向交换跳（单一反应）	126			2×6-10	3×6-8	3×8-10	3×8-12		3×10-12				
双腿交替台阶交换跳	130		2×6-10	3×6-8	3×8-10	3×8-12	3×8-12	3×8-12					
		倾向性训练											
抱膝跳	110		3×4-6	3×4-6	3×4-6	3×6-8	3×6-8						
三级跳	114			3×4	3×5	3×6		3×6	3×6				
交换跳	131					3×6-8	3×8-10	3×8-12	3×10+	3×10-12			
双腿踢臀跳	109					3×6-8	3×6-8	3×8-10	3×8-10	3×8-10	3×8-10	3×8-10	3×8-10
渐进式单腿跨越跳	143				3×3	3×4	3×5	3×6	3×6	3×6	3×6	3×6	3×6
渐进式双腿跨越跳	135和136					2×4-6	3×6-8	3×6-8	4×6-8	4×6-8	4×6-8	4×6-8	4×6-8
侧向跨越跳	138					2×4-6	2×4-6	3×4-6	3×4-6	3×6-8	3×6-8	3×6-8	3×6-8
渐进式单腿跨越跳	143								2×3	3×3	3×3-5	3×5-7	3×6-8
渐进式跳深训练	117								1×3	1×4	1×5	1×7	
组合双腿跳和交换跳练习	116~119										3×3	3×3	3×3
跳跃十项全能	57										2×2		
箱式交换跳	134											3×3	3×3
强度影响		较低				适中				较高			冲击

表9.18　田径投掷类的持续性训练

训练	页码	第1周	第2周	第3周	第4周	第5周	第6周	第7周	第8周	第9周	第10周	第11周	第12周
基本计划内容													
原地跳	104	3×10	3×10	3×10	3×10								
深蹲跳	105	2×4~6	3×4~6	3×6~8									
药球上下传递、药球转体90°和药球转体180°	88,92和93	3×3	3×4	3×5	3×6	3×6							
火箭式跳跃和星式跳跃	107和108	2×4~6	2×4~6	3×4~6		3×4~6							
分腿跳和剪式跳跃	111和112	2×4~6		3×4~6	3×6~8	3×6~8	3×4~6						
垫步高抬腿	120	2×4~6	2×4~6	2×4~6	2×4~6								
单侧高抬腿	121	3×10	3×10	3×10	3×10	2×10	2×10	2×10	2×10	2×10	2×10	2×10	2×10
快速垫步跳	122	3×10	3×10	3×10	3×10	2×10	2×10	2×10	2×10	2×10	2×10	2×10	2×10
直膝跑	125	2×4~6	3×4~6	3×4~6	3×6~8	3×6~8	3×6~8	3×6~8	3×6~8	3×6~8	2×8~10	2×8~10	2×8~10
单腿台阶交换跳	127		2×4~6	2×4~6	3×6~8		2×8~10	2×8~10		2×8~10			
侧向交换跳（单一反应）	126			2×6~10	3×6~8	3×8~10	3×8~12		3×10~12				
双腿交替台阶交换跳	130		2×6~10	3×6~8	3×8~10	3×8~12	3×8~12	3×8~12					
倾向性训练													
上斜坡弹跳	148	3×8~12	3×8~12	3×8~12	3×8~12	3×8~12	3×8~12						
杠铃扭转	94	3×8~12	3×8~12	3×8~12	3×8~12	3×8~12		3×8~12					
渐进式扭转抛投	95	3×12~20		3×12~20	3×12~20		3×12~20	3×12~20					
推负重袋	75		3×4~6	3×4~6	3×4~6	3×4~6	3×4~6	3×4~6					
击打负重袋	76		3×6~12	3×6~12	3×6~12		3×6~12	3×6~12					
铲式抛球	84		3×4~6	3×4~6	3×6~8	3×6~8			3×8~10	3×8~10			
渐进式勺式抛球	85				3×4~6	3×4~6		3×6~8	3×6~8		3×6~8		
渐进式铲式抛球	84			2×4~6		3×4~6	3×4~6	3×6~8	3×6~8		3×6~8		3×6~8
渐进式过顶抛球	68~73			2×4~6	2×4~6	3×4~6	3×4~6	3×4~6		3×6~8	3×6~8	3×6~8	3×6~8
渐进式仰卧起坐抛球	67			2×10~20	2×10~20		2×10~20		2×10~20	2×10~20	2×10~20	2×10~20	2×10~20

（续表）

倾向性训练													
训练	页码	第1周	第2周	第3周	第4周	第5周	第6周	第7周	第8周	第9周	第10周	第11周	第12周
水平摆动	89						2×8-12	2×8-12	2×8-12	2×8-12		2×8-12	2×8-12
鲤鱼打挺	99					2×3-6		2×3-6	2×3-6	3×3-6	3×3-6	3×3-6	3×3-6
强度影响		较低				适中			较高			冲击		

表9.19 奥林匹克举重的持续性训练

基本计划内容													
训练	页码	第1周	第2周	第3周	第4周	第5周	第6周	第7周	第8周	第9周	第10周	第11周	第12周
原地跳	104	3×10	3×10	3×10	3×10								
深蹲跳	105	2×4-6	3×4-6	3×6-8									
药球上下传递，药球转体90°和药球转体180°	88, 92和93	3×3	3×4	3×5	3×6	3×6							
火箭式跳跃和星式跳跃	107和108	2×4-6	2×4-6	3×4-6		3×4-6							
分腿跳和剪式跳跃	111和112	2×4-6		3×4-6	3×6-8	3×6-8	3×4-6						
垫步高抬腿	120	2×4-6	2×4-6	2×4-6	2×4-6	2×4-6							
单侧高抬腿	121	3×10	3×10	3×10	3×10	2×10	2×10	2×10	2×10	2×10	2×10	2×10	2×10
快速垫步跳	122	3×10	3×10	3×10	3×10	2×10	2×10	2×10	2×10	2×10	2×10	2×10	2×10
直膝跑	125	2×4-6	3×4-6	3×4-6	3×6-8	3×6-8	3×6-8	3×6-8	3×6-8	3×6-8	2×8-10	2×8-10	2×8-10
单腿台阶交换跳	127		2×4-6	2×4-6	3×6-8		2×8-10	2×8-10		2×8-10			
侧向交换跳（单一反应）	126			2×6-10	3×6-8	3×8-10	3×8-12		3×10-12				
双腿交替台阶交换跳	130		2×6-10	3×6-8	3×8-10	3×8-12	3×8-12						
倾向性训练													
渐进式勺式抛球	85			3×3-6	3×3-6	3×3-6		3×3-6	3×3-6	3×3-6			
抱膝跳	110			3×3-6	3×3-6	3×3-6		3×3-6	3×3-6	3×3-6			
上升高度跨越跳	137				3×3-6	3×3-6	3×3-6		3×3-6	3×3-6	3×3-6		
快速垫步跳	116				4~8×1~2	4~8×1~2	4~8×1~2	4~8×1~2		4~8×1~2	4~8×1~2	4~8×1~2	4~8×1~2

（续表）

倾向性训练													
训练	页码	第1周	第2周	第3周	第4周	第5周	第6周	第7周	第8周	第9周	第10周	第11周	第12周
鲤鱼打挺	99					3×1	3×1	3×1	3×1		3×1	3×1	3×1
跳深训练	117									4~8×3~6	4~8×3~6	4~8×3~6	4~8×3~6
跳深跳远	119									3~6×3~5	3~6×3~5	3~6×3~5	3~6×3~5
强度影响		较低				适中				较高		冲击	

表9.20 摔跤的持续性训练

基本计划内容													
训练	页码	第1周	第2周	第3周	第4周	第5周	第6周	第7周	第8周	第9周	第10周	第11周	第12周
原地跳	104	3×10	3×10	3×10	3×10								
深蹲跳	105	2×4~6	3×4~6	3×6~8									
药球上下传递，药球转体90°和药球转体180°	88,92和93	3×3	3×4	3×5	3×6	3×6							
火箭式跳跃和星式跳跃	107和108	2×4~6	2×4~6	3×4~6		3×4~6							
分腿跳和剪式跳跃	111和112	2×4~6		3×4~6	3×6~8	3×6~8	3×4~6						
垫步高抬腿	120	2×4~6	2×4~6	2×4~6	2×4~6	2×4~6							
单侧高抬腿	121	3×10	3×10	3×10	3×10	2×10	2×10	2×10	2×10	2×10	2×10	2×10	2×10
快速垫步跳	122	3×10	3×10	3×10	3×10	2×10	2×10	2×10	2×10	2×10	2×10	2×10	2×10
直膝跑	125	2×4~6	3×4~6	3×4~6	3×6~8	3×6~8	3×6~8	3×6~8	3×6~8	3×6~8	2×8~10	2×8~10	2×8~10
单腿台阶交换跳	127		2×4~6	2×4~6	3×6~8		2×8~10	2×8~10		2×8~10			
侧向交换跳（单一反应）	126			2×6~10	3×6~8	3×8~10	3×8~12		3×10~12				
双腿交替台阶交换跳	130		2×6~10	3×6~8	3×8~10	3×8~12	3×8~12	3×8~12					
倾向性训练													
杠铃扭转	94	3×8~12	3×8~12	3×8~12	3×8~12	3×8~12	3×8~12						
渐进式勺式抛球	85		3×8~12	3×8~12	3×8~12			3×8~12	3×8~12				
渐进式铲式抛球	84			3×12~20	3×12~20		3×12~20	3×12~20		3×12~20			

182

（续表）

倾向性训练													
训练	页码	第1周	第2周	第3周	第4周	第5周	第6周	第7周	第8周	第9周	第10周	第11周	第12周
抱膝跳	110				3×4~6	3×4~6	3×4~6	3×4~6	3×4~6	3×4~6			
爆发式垫步跳	123		3×6~12	3×6~12	3×6~12		3×6~12	3×6~12					
单腿蹬腿跳	114		3×4~6	3×4~6	3×6~8	3×6~8		3×8~10	3×8~10				
鲤鱼打挺	99		2×6~10	2×6~10	2×6~10	3×6~12		3×6~12	3×6~12		3×6~12		
水平和垂直摆动	89和90		2×4~6		3×4~6	3×4~6	3×6~8	3×6~8		3×6~8			3×6~8
高度跳远	118和119		2×4~6	2×4~6	3×4~6	3×4~6	3×4~6			3×6~8	3×6~8	3×6~8	3×6~8
侧向跨越跳	138		2×4~6	2×4~6		2×4~6	2×4~6		2×4~6	2×4~6	2×4~6	2×4~6	
渐进式单腿跨越跳	143							2×3~6	2×3~6	2×3~6	2~3×3~6	3~4×3~6	4×3~6
对角线单腿跨越跳	145								2×3~6	2×3~6	3×3~6	3×3~6	3×3~6
强度影响		较低			适中			较高			冲击		

表9.21 澳式橄榄球的持续性训练

基本计划内容													
训练	页码	第1周	第2周	第3周	第4周	第5周	第6周	第7周	第8周	第9周	第10周	第11周	第12周
原地跳	104	3×10	3×10	3×10	3×10								
深蹲跳	105	2×4~6	3×4~6	3×6~8									
药球上下传递、药球转体90°和药球转体180°	88,92和93	3×3	3×4	3×5	3×6	3×6							
火箭式跳跃和星式跳跃	107和108	2×4~6	2×4~6	3×4~6		3×4~6							
分腿跳和剪式跳跃	111和112	2×4~6		3×4~6	3×6~8	3×6~8	3×4~6						
垫步高抬腿	120	2×4~6	2×4~6	2×4~6	2×4~6	2×4~6							
单侧高抬腿	121	3×10	3×10	3×10	3×10	2×10	2×10	2×10	2×10	2×10	2×10	2×10	2×10
快速垫步跳	122	3×10	3×10	3×10	3×10	2×10	2×10	2×10	2×10	2×10	2×10	2×10	2×10
直膝跑	125	2×4~6	3×4~6	3×4~6	3×6~8	3×6~8	3×6~8	3×6~8	3×6~8	3×6~8	2×8~10	2×8~10	2×8~10
单腿台阶交换跳	127		2×4~6	2×4~6	3×6~8		2×8~10	2×8~10		2×8~10			
侧向交换跳（单一反应）	126			2×6~10	3×6~8	3×8~10	3×8~12		3×10~12				

（续表）

训练	页码	第1周	第2周	第3周	第4周	第5周	第6周	第7周	第8周	第9周	第10周	第11周	第12周
基本计划内容													
双腿交替台阶交换跳	130		2×6~10	3×6-8	3×8-10	3×8-12	3×8-12						
倾向性训练													
上斜坡弹跳	148		3×8-12	3×8-12	3×8-12			3×8-12	3×8-12				
抱膝跳	110			3×4-6	3×4-6	3×4-6	3×4-6	3×4-6	3×4-6	3×4-6			
单腿蹬腿跳	114				3×4-6	3×4-6	3×4-6	3×4-6	3×4-6	3×4-6			
交替蹬腿跳	115					3×4-6	3×4-6	3×4-6	3×4-6	3×4-6	3×4-6		
爆发式垫步跳	123				3×4-6		3×4-6	3×4-6	3×4-8				
交换跳	131					2×4-6	3×4-6	3×4-6	3×6-8	3×8-10		3×8-12	
上升高度跨越跳	137						2×4-6	3×4-6	3×6-8		3×8-12		3×8-12
侧向跨越跳	138								2×4-6	3×6-8	3×6-8	3×6-10	3×6-10
渐进式单腿跨越跳	143									2×4-6	3×4-6	3×4-6	3×4-6
对角线单腿跨越跳	145									2×3-6	3×3-6	3×3-6	3×3-6
腿部抛投	91										2×3-6	4×3-6	4×3-6
跨步双臂过顶抛球	72										2×3-6	4×3-6	4×3-6
强度影响		较低			适中			较高			冲击		

"山川与河流"训练流程

当运动员完成了基本项目以及倾向性训练之后，他们就可以每周或每隔两周在特定的日期里进行特定训练。这些关于双腿跳、交换跳、跨越跳和投掷的多种快速伸缩复合训练的难度随着运动总量和强度而提升，但高级训练不代表高压力或冲击力。

"山川与河流"日常训练最适合较高水平或竞技阶段的训练（我们以山川和河流命名这些日常训练是为了方便引用。运动员可以采用自己喜欢的名称命名它们，或者以自己喜欢的运动员的名字命名它们。教练甚至还可以将这些日常训练命名为自己之前喜欢的学生的名字）。在任何情况下，运动员都必须先完成所有渐进式、恢复性和过渡性训练，然后才能进入"山川与河流"日常训练（即从竞技赛季的最后阶段进入接下来的预备赛季）。正如第10章所探讨的，运动员可以在预备竞赛阶段和竞赛期间通过多种方式逐渐进入，或者跳出不同级别的拉长–缩短周期练习。其中的一种方式是在特定的竞技训练期间循环练习各种不同的"山川与河流"训练项目。

运动员和教练可以根据运动员的成绩、运动员的需要和竞技训练期间的目标，制定自己的"山川与河流"训练项目（如表9.22所示）。

表9.22 "山川与河流"快速伸缩复合日常训练

高山训练项目		
麦金莱山 水平训练： 1.垫步高抬腿（第120页） 2.单侧高抬腿（第121页） 3.直膝跑（第125页） 4.交换跳（第131页） 5.伸展垫步跳（第124页） 6.箱式交换跳（第134页）	马特洪峰 垂直训练： 1.火箭式跳跃和星式跳跃（第107页和108页） 2.抱膝跳（第110页） 3.分腿跳和剪式跳跃（第111页和112页） 4.爆发式垫步跳（第123页） 5.箱式跳跃（第106页） 6.跳深训练（第117页）	富士山 组合训练： 1.单腿踢臀跳（第142页） 2.快速双腿跨越跳（第136页） 3.单腿跨越跳（第143页） 4.伸展垫步跳（第124页） 5.箱式垫步跳（第133页） 6.箱式交换跳（第134页）
珠穆朗玛峰 台阶训练： 1.双腿上斜坡交换跳（第128页） 2.爆发式垫步跳（第123页） 3.单腿台阶交换跳（第127页） 4.侧向交换跳（第126页） 5.交换跳（第131页） 6.上斜坡弹跳（第148页）	奥林匹斯山 侧向训练： 1.侧向交换跳（第126页） 2.侧向跨越跳（第138页） 3.上升高度跨越跳（第137页） 4.对角线交换跳（第132页） 5.对角线单腿跨越跳（第145页） 6.侧向单腿跨越跳（第146页）	
河流训练项目		
密苏里河 旋转： 1.药球转体90°（第92页） 2.药球转体180°（第93页） 3.杠铃扭转（第94页） 4.水平摆动（第89页） 5.扭转抛投（第95页） 6.推负重袋和击打负重袋（第75页和76页）	哥伦比亚河 抛投： 1.铲式抛球（第84页） 2.勺式抛球（第85页） 3.垂直摆动（第90页） 4.药球胸前传球（第65页） 5.多次跳跃+下投抛球（第86页） 6.向后跳跃+下投抛球（第86页）	密西西比河 投掷： 1.仰卧起坐抛球（第67页） 2.跪姿双臂过顶抛球（第70页） 3.站姿或跨步双臂过顶抛球（第71页或72页） 4.勺式抛球（第85页） 5.多次跳跃过顶抛球（第83页） 6.接球和过顶抛球（第73页）

特定运动及项目的训练动作

表9.23的训练动作可以用来加强之前提到过的项目的特定方面。

表9.23 特定运动及项目的快速伸缩复合训练动作

开始	加速	停止（减速）
1.深蹲跳（第105页）	1.垫步高抬腿（第120页）	1.跳深训练（第117页）
2.快速垫步跳（第116页）	2.单侧高抬腿（第121页）	2.快速蹦跳（第116页）
3.双腿踢臀跳（第109页）	3.直膝跑（第125页）	3.高度跳远（第118页）
4.抱膝跳（第110页）	4.交换跳（第131页）	4.伸展蹦跳（第124页）
5.分腿跳（第111页）	5.快速垫步跳（第122页）	5.多次跳跃过顶抛球（第83页）
6.药球胸前传球（第65页）	6.爆发式垫步跳（第123页）	6.多次跳跃胸前推球（第83页；使
	7.伸展垫步跳（第124页）	用胸前推球代替过顶抛球）
	8.箱式交换跳（第134页）	
速度	**改变**	
1.原地跳（第104页）	1.侧向跨越跳（第138页）	
2.单腿原地跳（第141页）	2.上升高度跨越跳（第137页）	
3.渐进式三级跳（第114页）	3.侧向交换跳（第126页）	
4.下斜坡跨越跳（第147页）	4.对角线交换跳（第132页）	
5.双腿跨越跳（第135页）	5.对角线单腿跨越跳（第145页）	
6.单腿跨越跳（第143页）	6.侧向单腿跨越跳（第146页）	

第**10**章

赛季爆发力维持

　　训练是指为实现特定目标而在一段时间内进行的有组织的指导。本书最后的任务是试图从广义上阐述拉长－缩短周期，同时尽可能地尝试实现训练蓝图。采用与耐力训练、增肌训练（健美）及绝对力量训练相关的术语，在快速伸缩复合训练中是被严令禁止的，因为这些训练都倾向于爆发力、冲量和反应训练范围的另一极端。当提到爆发性训练的时候，我们当中很多人（可能我们是纯化论者吧）仍然维护着快速伸缩复合训练的初心（如冲击性）。而采用意图产生大体格或者提高心肺功能的缓慢超负荷训练，并不符合我们的设想。但是，拉长－缩短周期仍然是补充这些训练领域的重要工具。

　　不仅仅对某项运动本身，长期的计划和提升对于高水平的训练以及运动表现都是至关重要的。项目计划——包括力量、速度、敏捷和快速伸缩复合训练的所有方面；拉长－缩短周期；以及评估。以上三点提出了许多问题，有一些可以被轻松解答，另一些则需要更多的研究，剩余的只能通过不断的实验、犯错、再实验和一段时间之后，才能得出答案。

　　到了一个点之后，渐进式训练把我们从发展阶段带入了雕琢阶段。精炼爆发力并不会导致进步停止。相反，它是一种从过渡阶段到熟练驾驭；一个高度特定的将爆发力应用在动作、运动员、运动和体育的精英级手段。

　　设计运动表现训练——很多人称为周期化的概念——可以按照以下类比方式进行阐释。如果一名教练和1名或2名运动员需要从波士顿赶到亚特兰大，那么整个计划非常简单。决定采用的交通工具和采取的路线是非常简单的，因为这只是一个小团体。他们不需要计划自己的落脚点、进餐休息时间和去洗手间的时间。他们只需简单地选择最佳路径并做出些许调整，然后就可以按照路线前行。另一方面，如果一名教练（或教职员工）带着35~40名运动员需要从波士顿赶到亚特兰大，那么做好计划就很重要。哪种交通工具才是最佳交通工具——飞机、火车、巴士或热气球？怎样做才能最好地满足整个团队的需求？如果团队选择地面旅行，那么他们可以在何时及何地休息？是否有人会感到饥饿或需要下车呢？或者有没有安排好整个团队的休息地点？如果出现绕道或延迟呢？团队是否会为某些人或者整个团队做出计划调整？需要多久的时间？

这些决定，就是周期计划运动表现制度或周期化出现的原因。我们不应该也绝不能按部就班（一成不变）地执行这些决定。就像一个可以很容易协调每个人的需求的三人旅游团一样，40人的团体也可以很好地协调偶尔一两个人的需求。如果计划比较灵活，并做好准备应对灾难、延迟和进退两难的情况，那么团队可以采用最佳方式到达目的地。类似的是，渐进式训练强调解决某些人可能无法像其他人一样轻松快速地适应每条计划路径的问题。但是，他们仍然可以选择最佳的训练和进步方式，只是速度可能与其他人稍有差别。同时，他们仍然可以通过恰当的渐进式方法，选择危害性较小的路径到达目的地。

年度运动表现训练

制定训练计划目标包括确立最高点，或最终比赛，并从那个点开始向后逆向制定训练。不管最高点是一个竞技比赛（例如，环法自行车赛）、赛季的一部分（州季后赛）或多项顶级比赛（例如，全国、全美洲、全世界或奥运冠军），一个目标都可以通过持续统一体评估及项目等级来强调，以此规划年度计划里每个阶段中的拉长-缩短周期训练（如图10.1所示）。

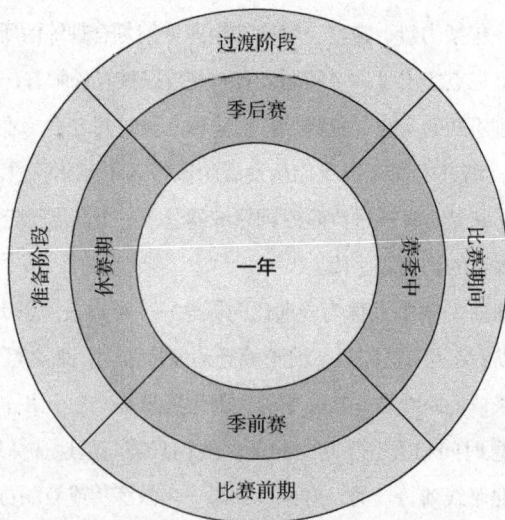

图10.1　全年比赛概述

就像运动员可以根据拉长-缩短周期，或快速伸缩复合训练的方法安排训练方式以及渐进循环一样，他们也可以按照阶段、时期以及全年的方法来渐进循环——长期短期都可以。此外，可以设计针对个人和团队的训练周期。正如之前等级概念所探讨的，包含从综合到具体的多边周期训练原则（多种训练体系），让较年轻的运动员接触混合多方向的训练。那些已经发展出高水平的核心能力、相对和动态力量的高级运动员可以进行优先训练或单向（例如，特定高度的）训练。在一些情况下，运动员在一个由弹性反应训练为主构成的微周期中不会进行任何传统力量训练。在所有情况下，组内重复数、组数和休息时间必须反映训练目标。

周期

训练年中的周期目标根据训练项目的不同而存在差异。对于一些运动员，训练周期只是反应赛季的改变：季赛中（竞技）、季后赛（更新的）、休赛期（一般的准备阶段）和季前赛（特别的准备阶段）。对于参与多项目的运动员和只在赛季内训练的运动员来说，每个周期的目标都是不同的。在许多情况下，竞争期是一段需要减轻激烈的拉长－缩短周期以及快速伸缩复合训练的时间——只保留那些为了竞争目标而设计的特定性训练（如针对性的跳跃、冲刺和变向训练）。这段时间强调速度技巧的雕琢而非爆发力培养。

但是，这些运动员可能会错过基本和特殊发展的所有机会。应用爆发力层级中的方法在两种情况下都很有帮助。在很多准备、技巧、动作形式以及负载培养和特定过渡动作中，都有很明显的拉长－缩短周期训练（查看图10.2a针对新手运动员的快速伸缩复合训练，以及图10.2b针对具备爆发力的资深运动员）。计划设计者可以在竞技周期中优先设定训练循环，制定迷你版的组合训练周期来模仿渐进式训练的主要部分。

总之，设定训练周期是为了实现巅峰能力水平。表10.1列出了一系列周期和每个周期的目标。

表10.1　训练期的目标

周期	周期类型	目标
季后赛	过渡阶段	• 从之前的竞技期里恢复活力 • 培养或恢复训练的力量、加速和移动能力 • 进行技术调整和雕琢
休赛期	准备阶段	• 逐渐培养力量、速度和敏捷性等训练能力 • 技术提高，评估竞技状态下的能力水平
季前赛	比赛前期	• 雕琢特定的力量、速度及敏捷能力并将其转化为特定的爆发力和速度耐力 • 明确提高竞技状态下的能力水平 • 逐渐减少训练模式 • 强调运动表现方法

（续表）

周期	周期类型	目标
赛季中	比赛期间	• 扩展比赛经验 • 保持力量、特定速度和速度耐力技能培养，可能意味着回到之前用来热身及后期训练的简单渐进式快速伸缩复合训练，以便可以减少整体训练时间和负荷 • 提高特定技巧 • 为比赛达到高潮做好准备 • 在竞技阶段结束时实现最佳能力表现

准备阶段		评估阶段	
过渡阶段	准备阶段	比赛前期	比赛期间
恢复	技术提升	发展雕琢	特定维持
基本计划 第一个12周	基本计划 重复12周	倾向性训练 12周部分	逐渐减少基本计划 技术和准备
0~2年训练年龄 从初学者到中级阶段			

（a）

质量　　　　　　　　　　　　　　　　　数量

完成质量　　　　　　　　　　　　　完成数量

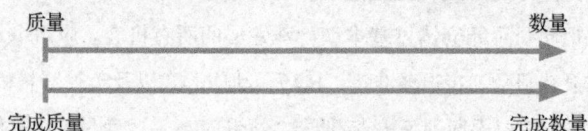

准备阶段		评估阶段	
过渡阶段	准备阶段	比赛前期	比赛期间
恢复	技术提升	发展雕琢	特定维持
基本计划 持续训练 简单渐进式训练	基本计划 持续训练 重新持续性训练	倾向性训练 循环训练 "山川与河流"日常训练	逐渐减少准备和技术训练 重新持续性训练
2年以上训练年龄 从中级阶段到高级阶段			

（b）

图10.2　在早期训练期间（a）和较高水平训练期间（b）使用拉长-缩短周期

阶段

正如邦帕（1983）所说，每个周期都有循环阶段。这些循环阶段可以生成针对每个训练赛季的具体进步目标。超过几个月的持续性快速伸缩复合训练建议是很常见的。确实，我们认为，运动员可以坚持一个持续全年的方法。有些人认为，快速伸缩复合训练只可以作为

3周或4周的训练小循环。这种看法来自一些实践者，他们的见解局限于只有能力训练特定的速度技巧。例如，萨农（1989）推荐为期3周的循环摆动走向训练。先在10天里增加快速伸缩复合训练，然后在接下来的10天减少快速伸缩复合训练的比重。在使用渐进式压力持续统一体快速伸缩复合训练体系时，我们认为，可以在整个训练阶段使用弹性反应运动，或者至少持续到出现重要竞技峰值循环。作为本体感受进步的结果，它可以提供全年SSC及快速伸缩复合训练关注的好处。图10.3是关于渐进式力量、速度和弹性训练方法的周期性计划（Bompa，1983 & Radcliffe，1998）。

力量训练阶段	准备阶段		评估/竞技阶段	
	制定准备训练	最大训练度	转换为特定训练	维持训练

速度训练阶段	准备阶段		评估/竞技阶段	
	加速训练	速度训练	速度耐力训练	特定维持训练

弹性训练阶段	准备阶段		评估/竞技阶段	
	初始的渐进式训练 双腿跳 抛投	交换跳 跨越跳 投掷	复合训练和 冲力训练方法	维持日常训练

- 在训练和比赛阶段平衡且有效地发展混合指导原则。
- 按照技巧复杂程度、冲击强度以及竞技特定性的总量及期限发展。

图10.3　周期阶段的训练方法

在本章的最后，我们提供了一段训练阶段内的流程作为示例，可以旋转年度计划图表来匹配不同的活动和活动目标。运动员应当在拉长−缩短周期和快速伸缩复合训练中应用渐进式模式，同时考虑这些模式在力量培养等级中的适合性。然后，运动员可以强调拉长−缩短周期发展中的不同领域，将它作为动态的热身运动；训练期间的技巧性、发展性或特定移动性训练；或者每个阶段的竞技练习。为了实现特定的运动目标，运动员必须确定需要进行多少拉长−缩短周期训练，以及在何处进行训练。然后，他们可以分析特定训练中的运动员的运动表现，从而决定是否继续采用相同的训练总量，增加总量、减少总量或者因为特定的竞技原因而中止训练。

为了达到我们的目的以及每周训练负荷的有效性，可以使用21~28天（3~4周）的训练循环周期。最常见的训练是采用为期21天渐进式锻炼的4周模块训练方法，以及一个减负或评估周（如图10.4所示）。

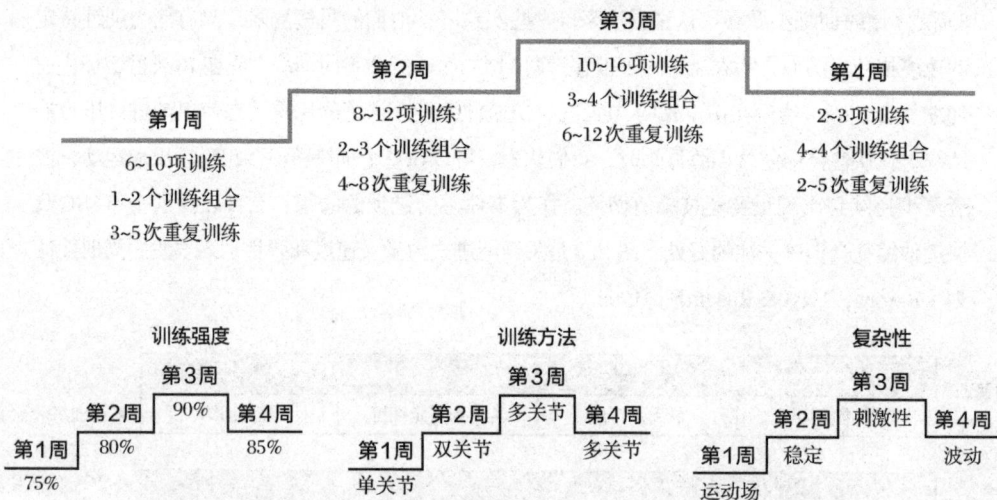

第3周
10~16项训练
3~4个训练组合
6~12次重复训练

第2周
8~12项训练
2~3个训练组合
4~8次重复训练

第4周
2~3项训练
4~4个训练组合
2~5次重复训练

第1周
6~10项训练
1~2个训练组合
3~5次重复训练

训练强度

第3周
第2周　90%　第4周
第1周　80%　　85%
75%

训练方法

第3周
第2周　多关节　第4周
第1周　双关节　多关节
单关节

复杂性

第3周
第2周　刺激性　第4周
第1周　稳定　波动
运动场

图10.4　四周的训练循环按照训练量、强度、复杂性发展，或者在前三周使用总累积训练负荷，并在第四周减负。可以在特定周开始的时候或在第4周时使用跳跃或投掷测试来评估训练进展

赛季周期性训练

在制定计划时，爆发力等级（如图10.5所示）有利于设计SSC训练的类型和量级。当运动员经历了不同的训练阶段后，他们也可以采用爆发力等级结构里的不同训练方法。

正如爆发力等级和它当中的训练方法所显示的，在整个训练中可以完成大量的拉长–缩短周期练习。在项目中的不同阶段，每个级别在爆发力等级中都有自己固定的位置。例如，原地跳、垫步高抬腿、单侧高抬腿等渐进式训练，这些主要侧重于计划一开始的快速伸缩复合训练和负荷训练。所有这些训练最后都可以成为技巧周期（跑步形式甚至准备时期动态热身的一部分）。这些训练可以让运动员持续关注作为训练一部分的生物力学技能的培养，同时逐渐过渡到作为整体的较复杂和强度较高的拉长–缩短周期训练。通常，设计者可能想知道何时强调快速伸缩复合训练或者力量训练。当使用这里提供的等级和渐进式训练内容时，运动员最主要的关注点在于实现训练阶段的特定训练循环目标。

不管是在健身房、球场，还是在运动场上进行训练，都可以遵循相应的训练方法。这些方法可以应用到准备阶段（动态柔韧性和静态柔韧性）、技巧阶段（跑动形式和举重动作）、发展阶段（所有负载类型、伸展持续时间和速度），或者转化的灵活性阶段（改变方向、高速执行）。

爆发力

力量　速度　敏捷性

准备阶段　技巧阶段　发展阶段　转化阶段

柔韧性
关节活动范围
恢复
姿态
身躯结构
平衡性
稳定性

形式　重复
放松　神经肌肉

灵活性
伸展　旋转
屈曲　神经运动
多方向性

负荷　生物力学　速度耐力　无负荷

身体成分　训练能力　体力

意志力（精神力）　弹性（离心/向心）　神经支配（抽动）　动作接受（反射）

力量训练　快速伸缩复合训练　冲刺阻力　冲刺辅助

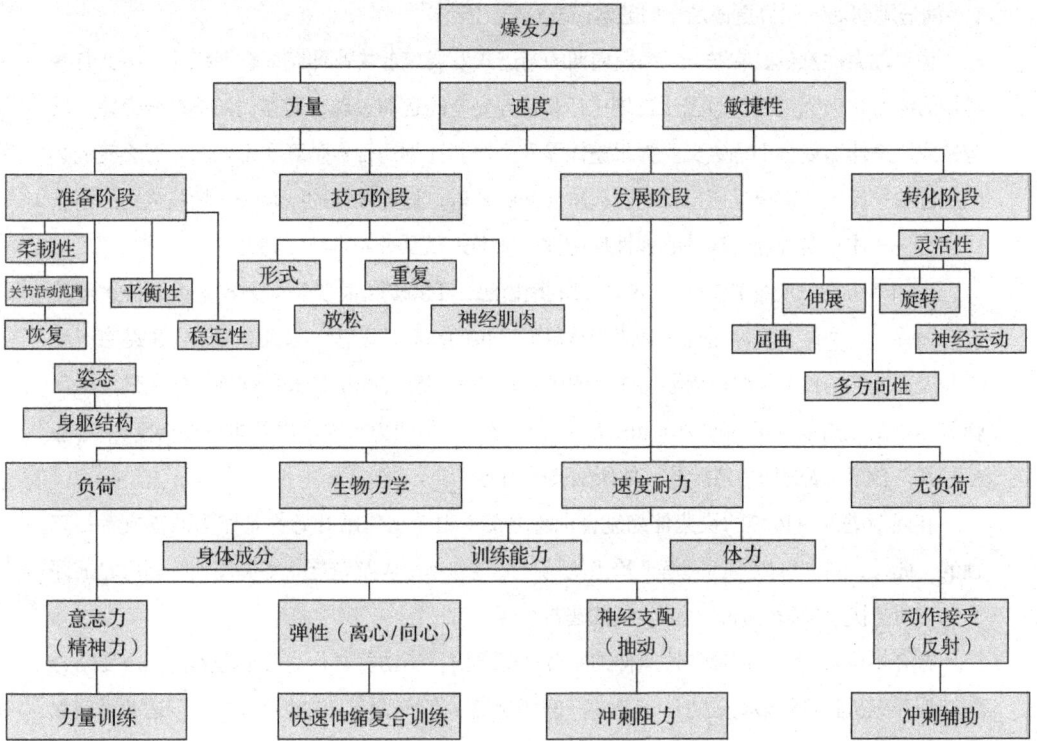

图10.5　能力等级

　　如果力量训练包含了姿态性和动态性的举重训练（我们认为这是应当的），那么这种训练方法的时间仅仅取决于它在整个训练计划中被安放到的位置。有些教练和运动专家建议，在训练周期中包含热身和动态训练，然后是力量训练和速度训练，最后以整理活动结束。就像爆发力等级方法一样，这也是一种训练方法，被用来确立何时强调训练量的程度。我们必须找出关于使用拉长−缩短周期训练的要点，不管是针对快速伸缩复合训练、奥林匹克举重、速度训练还是敏捷性和灵活性的设计。我们可以将这些训练类型看作拉长−缩短周期训练，然后按照第1章中所讨论的，将这个训练看作一个包罗万象的整体，以便了解动态力量发展的特定目的和目标。

个性化训练计划

　　为了达到最好的结果，必须个性化快速伸缩复合训练计划。按照评估，参与者应该完成基本训练，并观察他们的完成情况。这样才可以清楚地了解运动员所具备的能力以及他们的进步速度。尽管像其他运动训练领域一样，我们还在研究最佳的训练负荷，但个性化拉长–缩短周期训练项目更像是一门艺术而非科学。

你可能会注意到，在拉长–缩短周期的渐进式发展或者快速伸缩复合训练计划中，有些早期的练习和训练主要针对强化正确技巧和培养安全的运动表现，而它们都不符合弹性、反应性或快速伸缩复合训练定义。如果整体爆发力培养计划的目标是真实可靠的，那么我们必须跳过单一反应、暂停反应以及双脚起跳之间的矛盾，这样最终的结果——精英级别的渐进式训练——才是爆发性、冲性、弹性反应性、增强式以及令人印象深刻的。

正如斯夫和沃克霍山斯基（1996）所指出的，可以按照很多分类方式来组织快速伸缩复合训练。一个例子是冲击性（和表面接触后结束的离心性动作）以及非冲击性（结束时没有与表面接触的拉长–缩短周期动作）的区别。差别同样存在于最大化训练（产生最大的反弹张力以及最高强度下的冲力）和次最大化训练（较少冲力、强度以及执行复杂度）。这些差异都符合第3章的压力持续统一体所阐述的内容。

在逐渐进入更传统的快速伸缩复合训练之前，很多动作刚开始都是作为准备或者补充性的。此外，对训练概念的理解，恰当的诱导渐进训练，以及在进一步提高训练能力之前评估练习对于快速伸缩复合计划的发展都非常重要。

在开始拉长–缩短周期和快速伸缩复合训练之前，运动员必须充分地理解他们想要结合的计划。想达到目的最好的方法就是在一开始就确立训练目标。这些目标有利于运动员确立训练的形式、平衡和逐步进行练习，同时在整个计划中合理应用训练指导原则。

以下是制定计划目标的例子：

1. 制定高度平衡、全面发展的渐进式训练计划。

2. 在基本的训练中发展所有包含拉长–缩短周期（例如，准备阶段、技巧阶段、培养阶段和转化阶段）。

3. 制定个性化计划有助于安全地帮助参与者从初学者过渡成为能力较高的执行者或精英运动员。

4. 制定一个评估参与者和训练计划的系统。

最好的训练计划会采用恰当的渐进式训练方式。通过不断地检查整个计划中每名运动员的姿势、平衡性、稳定性和柔韧性，教练可以收集大量信息，帮助他们应用恰当的训练量以及负荷强度。

关于作者与译者

关于作者

詹姆斯·拉德克里夫（James Radcliffe）对俄勒冈州学生运动员的突出表现做出了主要贡献。在担任学校体能训练总教练的第三个十年里，他不仅在设计俄勒冈大学公鸭橄榄球队的年度训练日程方面扮演着重要的角色，同时也能在他与奥运会及世界金牌得主的合作中帮助运动员提高运动水平。

在其大部分职业生涯中，拉德克里夫一直从事橄榄球、篮球、田径、棒球和排球运动员的执教工作。他通过力量训练（传统重量训练）系统及举重训练系统来提高学生运动员的水平。他同时也是提高速度和敏捷性领域的权威。1985年，他成为了俄勒冈州的一名助理力量教练。在担任助理力量教练两年后，他成为了该领域的主教练。

拉德克里夫一直从事各种不同运动的教学和执教工作。从1978年到1983年，他还是阿罗哈高中的运动防护师。接着，他在科罗拉多完成学业。在加入公鸭队之前，他在私营企业工作。1980年，他从俄勒冈州的太平洋大学毕业并获得体育教育和健康学位。之后，他作为橄榄球防守后卫参加了四个赛季的比赛并且担任特别团队的队长。拉德克里夫从俄勒冈州获得了生物力学硕士学位。

拉德克里夫长期活跃在此领域的国家级机构。他获得了美国举重（USA Weightlifting）、高校体能教练协会（CSCCA）和美国国家体能协会（NSCA）所授予的证书。此外，他还撰写书籍，在专业期刊发表大量文章，同时还制作了关于快速伸缩复合训练的视频。

罗伯特·C. 法伦蒂诺斯（Robert C. Farentinos）是一名健身专家，并且是一名终生运动员。他参加过举重、越野滑雪和划船比赛，并且获得过这三项运动的全国冠军以及大师锦标赛冠军。法伦蒂诺斯拥有科罗拉多大学生物学博士学位，而且还在很多学校担任教授和研究员，其中包括科罗拉多大学、密歇根州大学、俄亥俄州立大学和约翰·霍普金斯大学等。他在学术期刊发表了大量的文章，而且为孩子们撰写了很多关于野生动物的故事，同时还撰写

了大量关于运动、健康和健身的文章。

20世纪80年代，法伦蒂诺斯拥有并管理在科罗拉多州的博尔德的一家健身中心，其被指定为美国滑雪队官方训练场地。在这家中心，他执教多项运动的奥运会运动员和专业运动员。这些运动项目包括自行车运动、跑步、铁人三项、越野和高山滑雪、举重、爬山和登山等。在此期间，他还与科罗拉多斯普林斯的美国奥运会训练中心的运动员和教练们共事。

从1984年到1991年，他参加了美国滑雪协会（USSA）举办的美国滑雪追逐比赛。在这场全国性的50公里系列越野比赛中，他获得过几个年龄组冠军。同时，他还参加了1988年的卡尔加里冬季奥运会。在这次奥运会中，他担任滑雪设备赞助商的技术代表。

法伦蒂诺斯在2003年62岁高龄的时候开始划船运动生涯。在几年的时间里，他成了一名很有竞争力的划船选手，同时在西北地区大师冠军赛的单人双桨赛艇比赛中获得了金牌和银牌。2007年，他获得加拿大全国大师冠军赛的冠军。此后，他还参加了全国和地区帆船赛，并且在单人和双人双桨赛艇比赛中名列前茅。

法伦蒂诺斯还自愿贡献个人时间和专业知识设计训练设备和练习计划，帮助青少年处理药物滥用和上瘾问题。他使用练习和运动来将青少年的注意力重新引导到更加健康和更加有用的生活方式上。目前，华伦天奴斯在俄勒冈州的波特兰生活。

关于译者

陈洋是北京体育大学体育教育训练学硕士，备战2012年伦敦奥运会身体运动功能训练团队成员，备战2016年里约奥运会身体运动功能训练团队中方教练员。2011年至2014年，他担任中国乒乓球男队体能教练；2011年工作至今，他先后服务于国家羽毛球队、国家男子篮球队、国家男子乒乓球队、国家女子举重队，保障重点运动员林丹、刘伟、马龙、张继科、王皓备战世锦赛、亚运会、奥运会期间的体能训练工作。他的主要研究方向：体能训练、康复训练。

高延松是匹兹堡大学运动科学专业学生，匹兹堡大学女子篮球队体能教练助理，匹兹堡大学神经肌肉研究室科研助理，服务于国家体育总局训练局。他的主要研究方向：力量训练、快速伸缩复合训练、运动生理学。